新丝路华文系列教材编委会

总　主　编：郭　熙　邵　宜

编　　　审：童盛强　蔡　丽　喻　江　文　雁　林奕高

编委会委员：郭　熙　邵　宜　曾毅平　莫海斌　张　礼　杨万兵

新丝路华文系列教材

总主编 郭熙 邵宜

华文教育
Chinese Education

初级华文

第三册

主编 张凤芝

编者 张凤芝 郭楚江 潘汜津

暨南大学华文学院精品教材

暨南大学出版社
JINAN UNIVERSITY PRESS

中国·广州

图书在版编目（CIP）数据

初级华文．第三册/郭熙，邵宜总主编．—广州：暨南大学出版社，2018.8
（新丝路华文系列教材）
ISBN 978 - 7 - 5668 - 2337 - 3

Ⅰ.①初… Ⅱ.①郭…②邵… Ⅲ.①汉语—对外汉语教学—教材 Ⅳ.①H195.4

中国版本图书馆 CIP 数据核字（2018）第 046976 号

初级华文（第三册）
CHUJI HUAWEN（DISANCE）
总主编：郭　熙　邵　宜

出 版 人：徐义雄
项目统筹：晏礼庆
策划编辑：杜小陆
责任编辑：黄志波　刘　晶
责任校对：邓丽藤
责任印制：汤慧君　周一丹

出版发行：暨南大学出版社（510630）
电　　话：总编室（8620）85221601
　　　　　营销部（8620）85225284　85228291　85228292（邮购）
传　　真：（8620）85221583（办公室）　85223774（营销部）
网　　址：http：//www.jnupress.com
排　　版：广州市天河星辰文化发展部照排中心
印　　刷：广州市快美印务有限公司
开　　本：889mm×1194mm　1/16
印　　张：10.25
字　　数：170 千
版　　次：2018 年 8 月第 1 版
印　　次：2018 年 8 月第 1 次
定　　价：56.00 元

（暨大版图书如有印装质量问题，请与出版社总编室联系调换）

《初级华文》（第一至四册）编写说明

　　《初级华文》是为来华学习的华裔留学生编写的综合课主干教材。教材突出"华文"特色，在教授学生华语的同时，向他们展示当代中国国情和社会生活，使其感受中国的文化观念、发展变化与风土人情。

　　《初级华文》共六册，其中第一至四册以"话题—功能—文化—语法"为纲，话题的选择主要围绕中华文化，同时注重语言技能训练。作为基础阶段的华文教材，编者淡化语法知识讲解，注重语言能力的提高和华人文化意识的培养。

一、编写原则

1. 针对性

　　教材在内容的选取上充分考虑华裔学生的特点和需求，追求高效率的语言教学，让华裔学生充分发挥学习华文的潜力。教材体现了华人学华文的特点，不依赖媒介语进行教学，而是用中文注释。

2. 科学性

　　教材语料真实、规范，根据华语语言特点、难易度以及传承语习得规律编排教学内容和语言点。核心字词要求认写识用，非核心字词要求认读。

3. 实用性

　　教材内容紧扣学生的学习生活以及较为常见的社会交往活动和工作，听说读写并重。

4. 趣味性

　　教材力求做到课文内容生动有趣，练习设计形式多样，富有趣味性。

二、教材体例

《初级华文》第一至二册15课，第三至四册各12课，建议每册教学时间为一个学期（16个教学周，每周8～10学时）。

第一至四册主教材中，除第一册的"预备单元"外，每课均包含"课前热身"、"开心词典"、"汉字乐园"、"主课文"、"副课文"、"能说会用"、"你知道吗"（第一、二册除外）、"经典诵读"与"练习"板块。各板块的编写理念与特点如下：

课前热身　以导入教学内容、激发学生兴趣为目的，主要采用图文并茂的方式呈现。

开心词典　所列均为主课文和副课文中的重点核心词，每个词条后标注了拼音、词性、简单的中文释义，并附例句、常用短语以及近义词反义词等，展示词语的用法，实现词汇拓展。课文中标红色的词语为用法较简单的核心词。非核心词用蓝色标示于课文中，由教师随文释义。其中，核心词要求学生会认、会读、会写、会用，非核心词只要求学生会认读。

汉字乐园　增强汉字教学的趣味性，加强学生对汉字结构规律的认知，帮助学生理解、记忆汉字。

主课文　采用旁注的形式。旁注内容主要为重点句式、文化注解、非核心词的释义。

副课文　包括两篇针对具体功能项目的对话体课文，旨在提高学生的语言运用能力。

能说会用　针对课文中的功能项目，给出语境或指定任务，组织学生完成对话交际练习，提高学生的交际表达能力。

你知道吗　根据需要，针对课文中所涉及文化点适当进行介绍或阐释，引导学生了解中华文化，增强对中华文化的认同感。

经典诵读　包括诗词佳句、经典名言、俗语谚语等，旨在让学生感受汉语音律与意蕴之美。

练习　包括5～7种常用题型，内容涵盖语言要素及语言技能训练，既可供教师课堂上使用，也可供学习者课外选做。

　　编写组希望本套教材能充分激发华裔学生学习华文的兴趣，提高他们语言学习的效率。教材编写乃系统工程，编写过程中难免存在疏漏之处，欢迎广大教材使用者提出宝贵的意见与建议！

《初级华文》教材编写组

2018 年 6 月 29 日

目录

第一单元

交往礼仪

第一课

请客吃饭

课前热身

菜单

热菜

香辣烤肉	48元
老妈子回锅肉	16元
酸辣豆腐	12元

汤类

西红柿鸡蛋汤	10元
紫菜汤	10元
玉米乌鸡汤	30元

主食

奶香小馒头	12元
蛋炒饭	8元
牛肉面	8元

1. 上面的菜单，你能看懂吗？

2. 如果一个客人点了一盘香辣烤肉、一份紫菜汤和一碗牛肉面，请问要多少钱？

开心词典

爱[1]　　　　ài　　　　　　　动词

例：爱游泳　爱唱歌
　　湖南人爱吃辣的。

介绍[2]　　　jièshào　　　　动词

例：介绍一位朋友　我给你介绍一下　自我介绍　介绍完了
　　你们饭馆里有什么好吃的，能介绍介绍吗？

不停[3]　　　bùtíng　　　　　副词

例：不停地笑　不停地打电话　写个不停
　　雨还在不停地下着，不知道什么时候才能停。

商量[4]　　　shāng·liang　　动词

例：商量去哪儿玩　商量好了　商量一下
　　这件事我还要和妈妈商量商量。

推荐[5]　　　tuījiàn　　　　　动词

例：推荐给大家　给大家推荐一本词典　推荐新菜
　　大家都推荐她去当汉语翻译。

问题[6]　　　wèntí　　　　　　名词

例：很多问题　出了问题　大问题
　　空调有点问题，用不了了。
　　A：我们一起看行吗？
　　B：没问题。

部分[7]　　　bù·fen　　　　　名词

例：部分同学　用了一部分　大部分　一小部分
　　今天我们学了第一课的部分生词。

微[8]　　　　wēi　　　　　　　副词

例：微甜　脸色微红
　　我微微一笑，说："这次听写不难啊。"

收⁹　　　shōu　　　　　动词

　　例：收到很多礼物　收短信　收不到　没收到
　　　　刚才买苹果的时候，你多收了我 10 元。

鼓¹⁰　　　gǔ　　　　　动词

　　例：鼓起来　鼓得像个气球
　　　　那个小孩生气了，鼓着嘴半天没说话。

剩¹¹　　　shèng　　　　动词

　　例：还剩十分钟　剩了很多菜　一点儿没剩
　　　　我昨天带了 1 000 元上街买东西，花了 800 元，还剩 200 元。

浪费¹²　　làngfèi　　　 动词

　　例：浪费钱　不能浪费　浪费太多
　　　　离开教室前请把空调关上，不要浪费电。

抢¹³　　　qiǎng　　　　动词

　　例：抢东西　抢红包　抢过去　没抢到球
　　　　前边那个人抢了我的手机！
　　　　同学们都抢着回答刘老师的问题。

帮¹⁴　　　bāng　　　　动词

　　例：帮帮他　帮妈妈洗碗
　　　　帮我关一下门。

空儿¹⁵　　kòngr　　　　名词

　　例：没空儿　抽空儿
　　　　今天下午有空儿吗？我想请你吃饭。

汉字乐园

鼓：gǔ

"鼓"的右边是"支"，意思是手打鼓。"又"在古代指的是手，所以许多有"又"的字，都跟手有关，例如"双、观、取"。

爱：ài

繁体字的写法是"愛"，有"心"才有爱。"心"在汉字中暗示这个字指称某种思想或情感，例如"想、思、忘"；有时候写成"忄"，例如"情、恨、怕"。

剩：shèng

形声字。右边的"刂"就是"刀"，用刀削去后余下的称为"剩"。含有"刂"的汉字往往和"刀"有关，例如"别、刻、刺"。

主课文

陈阿姨请我们吃饭

陈阿姨——志龙的妈妈，来 广 州（Guǎng zhōu）参加 广 交会（Guǎngjiāo huì）。今天她说要请我和思汉一起吃饭，就在学校东门的 湘 菜（xiāngcài）馆。真好，因为我最爱[1]吃辣的。

中午一下课，思汉就跑过来说："佳丽，快点儿，我快饿（è）死了。"我们走到饭店门口，看到陈阿姨和志龙已经在那里等着了。

服务员给我们介绍[2]了一下饭店的特色（tè sè）菜，我们点（diǎn）了三个菜一个汤。思汉真的饿了，他不停[3]地吃，我都觉得不好意思了。陈阿姨很亲切，一边吃一边跟我们聊天。

★广交会：英文名为 Canton Fair，在广州举行的中国进出口商品交易会。

★湘菜：湖南菜。

★……死了
累死了　热死了

★快……了：马上就要……
快12点了。
快下雨了。
车快来了。

★特色
中国特色　特色食品

★ 悄悄：没有声音（不想让别人知道）。

快要吃完的时候，我和思汉 悄悄^{qiāoqiāo} 商量⁴，打算我们来买单^{mǎi dān}，因为陈阿姨刚到广州，是客人^{kè·rén}。但没想到陈阿姨已经悄悄把单买了。

会话 1

点菜

服务员：欢迎 光临^{guāng lín}。请问几位？

罗志龙：四位。

服务员：好的，这边请。请问喝什么茶？

罗志龙：今天有点热，我们喝菊花^{jú huā}茶怎么样？

王佳丽、陈思汉：好。

服务员：好的。现在点菜吗？

罗志龙：你能推荐⁵一下吗？

服务员：菜单^{càidān}第一页^{yè}都是我们的 招牌菜^{zhāopáicài}。你们看看，喜欢吃什么？

陈阿姨：别太油腻的就可以，你们呢？

罗志龙：不要太辣。

服务员：没问题⁶，大部分⁷菜都可以选择辣、微⁸辣或者不辣。

陈阿姨：那太好了！思汉、佳丽，你们来点菜吧。想吃什么就点什么，不用客气。

王佳丽：阿姨，还是您点吧。我什么都爱吃。

陈思汉：我也是，您点什么我就吃什么。

会话 2

请客

（陈阿姨去 前台结 账 qián tái jié//zhàng）

陈阿姨：你好。六号桌买单。

服务员：好的，一共 185 元。

陈阿姨：可以 刷 卡 shuā//kǎ 吗？

服务员：不好意思，今天刷不了，只能收 现 金 xiàn jīn。

陈阿姨：那好吧，给。

服务员：收[9]您 200 元，找您 15 元。谢谢！

（陈阿姨回到座位）

陈思汉：阿姨点的菜真好吃！我吃得 肚 子 dù·zi 都 鼓[10]起来了。

罗志龙：是啊，还剩[11]一点儿，我们吃完吧，不要 浪费[12]。

王佳丽：阿姨，您第一次来广州，是客人，今天我们来买单。

罗志龙：我知道你们会抢[13]着买单，所以刚才就让妈妈去结账了。

陈阿姨：你们都还是学生，哪能让你们买单？今天见到你们很开心，谢谢你们常常帮[14]志龙！欢迎你们有空儿[15]到越南去玩儿，去我们家看看。

陈思汉：好的，阿姨。有 机会 jī·huì 我们一定去。

能说会用

功能 1：邀请

1. 星期六我们班的同学一起去白云山，您要是有空儿就一起去吧。

2. 明天是我的生日，我想请大家一起吃饭，不知您有没有时间。

3. 如果你们去泰国，欢迎到我家去玩，我和我的家人都会非常高兴！

4. 我买了两张电影票，晚上一起去看电影，好不好？

5. 丽丽生病了，你陪我去看看她，怎么样？

☞练一练：

怎样邀请别人？

1. 如果这个周六是你的生日，你想邀请老师来参加你的生日聚会，你会怎么对你的老师说？

2. 如果10月1日到7日放假，你想邀请朋友跟你一起去上海旅游，你会怎么说？

功能2：接受

1. A：老师，这几个词我没听懂，您再给我讲一下行吗？

   B：当然可以，没问题。

2. A：以后早点来，不要再迟到了。

   B：好的，我一定注意。

3. A：晚上我们出去吃，怎么样？

   B：好，听你的。

4. A：明天上午9点我和几位同学一起去打篮球，你也去吧！

   B：好，我一定去。

5. A：这是我们三个一起给你买的礼物，希望你喜欢。

   B：太漂亮了，谢谢你们！

☞练一练：

在下面的情景中，我们会怎么说？

1. 在生日聚会上，朋友送给你一束鲜花，你会怎么说？

2. 你朋友想请你帮他补习汉语，你会怎么说？

3. 如果你上课玩手机，老师批评了你，你会怎么说？

4. 如果朋友说："周六晚上我们一起去看电影吧？"你会怎么回答？

功能 3：商量

1. 我们打的去，怎么样？

2. 你觉得买红色的还是黑色的好？

3. 晚上有空儿吗？要不要去唱卡拉 OK？

4. 你看这样行不行？我上午用，你下午用。

5. 这东西太贵了，我们最近也不用，先不买吧，你说呢？

☞练一练：

在下面的情景中，你怎样跟朋友商量？

1. 你们要去老师家里玩，你想上午去，你怎么跟朋友商量？

2. 你们要去北京路，但你不想坐公共汽车去，你怎么跟朋友商量？

你知道吗

1. 点菜

点菜时，主人一般会请客人先点菜。如果你是客人，最好点一个不太贵、大家又都喜欢吃的菜，然后请别的客人点。如果你是主人，点菜的时候可以先问问大家喜欢什么口味，有没有什么不能吃的。在快要吃完的时候，问问大家"我们要不要再来点儿什么"等等。

2. 抢着买单

在餐馆里，有时候会看到一起吃饭的中国人都要买单，现在的年轻人有的也 AA 付款。其实，一般如果朋友请你吃饭，那么就是请客的人买单，有机会你也请他吃饭，或者送他礼物就可以了。

经典诵读

Yǒu péng zì yuǎn fāng lái　　bù yì lè hū
有　朋　自　远　方　来，不　亦　乐　乎？

——《论语·学而》

练习

一、照例子，写一写

例：弗 + （贝） = （费）（费电）

良 + （　　　　） = （　　　　）（　　　　　　）

仓 + （　　　　） = （　　　　）（　　　　　　）

乘 + （　　　　） = （　　　　）（　　　　　　）

隹 + （　　　　） = （　　　　）（　　　　　　）

亭 + （　　　　） = （　　　　）（　　　　　　）

召 + （　　　　） = （　　　　）（　　　　　　）

二、连一连，读一读

介　　　　单　　　　　　　特　　　　金

部　　　　量　　　　　　　光　　　　卡

买　　　　绍　　　　　　　招　　　　色

浪　　　　费　　　　　　　现　　　　临

商　　　　分　　　　　　　刷　　　　牌

三、照例子，组词语

1. 例：上台　舞台　　前台　　　

　　商谈　商讨 ＿＿＿＿＿＿　　　推举　推选 ＿＿＿＿＿＿＿

　　特点　特长 ＿＿＿＿＿＿　　　结束　结果 ＿＿＿＿＿＿＿

2. 例：微　（甜）　　　　　　　微　（辣）

　　不停地（　　　　）　　　　不停地（　　　　）

　　收　（　　　　）　　　　　收　（　　　　）

　　浪费（　　　　）　　　　　浪费（　　　　）

　　抢　（　　　　）　　　　　抢　（　　　　）

帮（　　　　）　　　　帮（　　　　）

四、按要求完成对话

1. 用"形容词+的"回答问题。

2 300 元　　　　4 800 元

（1）A：你要哪一种手机？

B：＿＿＿＿＿＿＿＿＿＿＿＿＿＿＿＿＿＿＿。

（2）A：你想给爸爸买哪种颜色的帽子？

B：＿＿＿＿＿＿＿＿＿＿＿＿＿＿＿＿＿＿＿。

20 千克　9 千克

（3）A：你拿哪个行李箱？

B：＿＿＿＿＿＿＿＿＿＿＿＿＿＿＿＿＿＿＿＿＿＿＿＿。

2．用括号里的句式回答问题。

（1）A：我点个辣的菜，好吗？

B：辣不辣都可以的，＿＿＿＿＿＿＿＿＿＿。（什么……什么……）

（2）A：大家说一说，放假时我们去哪里旅游？

B：＿＿＿＿＿＿＿＿＿＿＿＿＿＿。（哪里……哪里……）

（3）A：我们是坐飞机还是坐火车去北京？

B：＿＿＿＿＿＿＿＿＿＿＿＿＿。（怎么……怎么……）

五、照例子，用加点的词完成对话

1．例：A：慢点喝，慢点喝，喝这么快干什么？

B：我都快渴死了。

（1）A：今天几号了？

B：12月23日了，＿＿＿＿＿＿＿＿＿＿＿＿＿＿＿＿。

（2）A：你作业写完了吗？

B：还有一点，＿＿＿＿＿＿＿＿＿＿＿＿＿＿＿＿。

（3）A：现在老了，跑不动了。

B：您哪里老啊，也就三十七八岁吧。

A：是啊，＿＿＿＿＿＿＿＿＿＿＿＿＿＿＿＿，我还不老吗？

2．例：A：你要是不舒服，就请假回家吧。

B：第三、四节课要考试，哪能请假呢？

（1）A：我回家后很少复习。

B：＿＿＿＿＿＿＿＿＿＿＿＿？如果不复习，那白天学的东西都
会忘记的。

（2）A：我还以为你不来参加我的生日晚会了。

B：我们是好朋友啊，＿＿＿＿＿＿＿＿＿＿＿＿＿＿＿？

（3）A：都这么晚了，你还不睡？

B：旁边房间的人看电视的声音太大了，＿＿＿＿＿＿＿＿＿？

六、课文理解

1. 湘菜是什么味道的？你是从文中哪句话知道的？

2. 思汉今天吃得多吗？你是从文中哪句话知道的？

3. 罗志龙建议喝什么茶？如果是你，你建议喝什么茶？你该怎样提出建议？

4. 请别人点菜时，你应该怎么说？

5. 佳丽和思汉为什么要抢着买单？阿姨为什么要抢着买单？

七、把下面的一段情景用对话的方式表演出来，要求使用括号里的词语和句式

王丽的表哥来广州看望王丽。下午，王丽打电话请表哥吃晚饭。晚上，他们一起点了菜。吃完饭，王丽和表哥抢着要买单。表哥说他已经工作了，但王丽还在读书，所以应该他来买单。

（词语：介绍、爱+动词、招牌、微、剩、浪费、客人）

（句式：什么……什么……、哪能……）

八、根据上下文填空

剩　爱　抢　微　鼓　收　不停　介绍　部分　浪费

昨天是朋友许洋的生日。中午，我请许洋和几个好朋友一起吃了饭。因为许洋（　　　　）吃辣的，所以我们去了川菜馆。在饭馆里，我们听了服务员的（　　　　），决定点几个（　　　　）辣的，因为太辣的菜我们吃不了。这些菜都很好吃，但还是辣了点，辣得我（　　　　）地喝水，喝得我肚子都（　　　　）起来了。我们点的菜大（　　　　）都吃完了，只（　　　　）一个酸菜鱼没吃完。许洋说不能（　　　　），吃不完可以打包，带回家给小猫吃。吃完饭，我（　　　　）着买了单，因为是我请客嘛，怎么能（　　　　）许洋的钱呢？

九、写一写

你跟朋友一起出去吃过饭吗？为什么出去吃？去了哪里吃？你们点了哪些菜？你觉得那些菜怎么样？最后谁买的单？为什么是他/她买单？

第二课

礼物

课前热身

1. 你收到过什么礼物？什么时候收到的？你喜欢这个礼物吗？为什么？
2. 下面这些礼物分别适合送给什么人？

开心词典

半天[1]　　　bàntiān　　　　　数量词

　　　例：半天不说话　看了半天　大半天
　　　　　我们等了半天，他才来。

于是[2]　　　yúshì　　　　　　连词

　　　例：离飞机起飞的时间还早，于是我们去逛了一会儿书店。
　　　　　早上起晚了，于是我只能饿着肚子去上课了。

建议[3]　　　jiànyì　　　　　　动词、名词

　　　例：建议她去看医生　他的一个好建议
　　　　　大家已经学了半天，我建议先休息一下，怎么样？
　　　　　医生建议他在家休息两天，不要去人多的地方。

能[4]　　　　néng　　　　　　　　助动词

　　例：你能帮我一个忙吗？

　　　　我能不能用一下你的笔？//上课时不能玩手机。

奇怪[5]　　　qíguài　　　　　　　形容词

　　例：一件奇怪的事　觉得奇怪

　　　　奇怪，我的作业本怎么找不到了？

　　　　他两天没来上班，电话也打不通，真奇怪。

清楚[6]　　　qīng·chu　　　　　　动词、形容词

　　例：看清楚了吗　听不清楚

　　　　我真不清楚他为什么要这样做。//老师讲得很清楚。

回头[7]　　　huítóu　　　　　　　副词

　　例：回头见　回头再找你

　　　　你先吃饭，我们回头再谈。

转[8]　　　　zhuàn　　　　　　　动词

　　例：转了一圈　转了一上午　随便转转

　　　　两个人在超市转了半个小时，最后只买了一瓶水。

　　　　我们坐着公交车在城市里转了一圈。

相同[9]　　　xiāngtóng　　　　　形容词

　　例：相同的爱好　有点儿不相同

　　　　我的爱好跟你的相同，我也喜欢听音乐。

比如[10]　　 bǐrú　　　　　　　　动词

　　例：桌子上有很多学习用的东西，比如书、本子、铅笔、词典等。

　　　　妈妈买了不少水果，比如苹果、西瓜、葡萄什么的。

永远[11]　　 yǒngyuǎn　　　　　副词

　　例：永远记得　永远在一起　相爱到永远

　　　　我永远忘不了在中国留学时认识的朋友们。

带[12]　　　 dài　　　　　　　　动词

　　例：带上雨伞　多带一点儿钱　带不了　没带手机

　　　　你带口语书了吗？借我看一下，可以吗？

汉字乐园

　　汉字有许多读音相同或相近的，例如"伞—散""四—死"等。有时读音相同或相近的汉字有相同的部件，比如下面两组汉字：

　　请—清："青"告诉我们这个字的读音跟"ing"有关，"讠"告诉我们这个字跟"言语"有关，用"请"是一种礼貌。"氵"则告诉我们"清"和"水"有关，水很干净叫作"清"。下面是一首儿歌：

　　　　有日天天晴，有目眨眼睛。

　　　　有虫捉蜻蜓，有水河清清。

　　　　有心好心情，有言去邀请。

　　趟—常—尝—躺：这四个字的韵母都读 ang，我们可以这样记：

　　　　请你走一趟，衣服常常长。

　　　　尝尝好味道，身体往下躺。

主课文

我们一起买吧

　　陈阿姨要回 国(guó) 了，佳丽和思汉想买一件礼物送给她。佳丽打算买一束鲜花。思汉想了半天[1]也想不出来送什么，于是[2]，他准备去一 趟(tàng) 超市。

　　在超市，他 遇到班长(yù dào bān zhǎng) 大伟。原来，下星期大伟的朋友过生日，他也想买件礼物。思汉看到有个金色

★动词+出来

这个字我写不出来。

我已经走出教室来了。

★趟

来回走了两趟

的闹钟（nàozhōng）很漂亮，就建议[3]大伟买闹钟。大伟告诉他，在中国，送礼物是不能[4]送钟的。思汉听了觉得很奇怪[5]，可是大伟也不清楚[6]为什么不能送钟，让他回头[7]去问老师。

思汉在超市转[8]了半天，也不知道买什么好，只好回宿舍了。回去后，又给佳丽打电话，让她买花的时候叫上自己，两个人一起买花送给陈阿姨。

会话 1

有的礼物不能送

刘大伟：老师，我们有个问题想请教（qǐngjiào）您。

杨老师：什么问题？

陈思汉：大伟说，在中国，钟不能做礼物，这是为什么呢？

杨老师：（在纸上写了个"终"字）那是因为"钟"和这个"终"的发音（fā yīn）相同[9]，"送钟"听起来好像"送终（sòng//zhōng）"。有亲人去世（qù shì）了，人们才去送终。

陈思汉：哦（ò），原来如此（rú cǐ）。

刘大伟：老师，那还有什么礼物不能送呢？

杨老师：比如[10]雨伞（yǔ sǎn）、梨（lí）什么的，很多时候也不能送，你们看，它们跟"散（sàn）""离"的发音是不是相近或者相同？

陈思汉：我觉得送红包（hóngbāo）最方便，更重要的是，大家都喜欢。

杨老师：送红包也有很多要注意的事情，比如，在广东，红包里的钱一般不会是 400 元。

刘大伟：为什么？

杨老师：你们好好想想，"四"和什么谐音^{xié yīn}？

刘大伟、陈思汉：哦，我想起来了！

给陈阿姨的礼物

（在陈阿姨住的酒店）

罗志龙：妈妈，思汉和佳丽来了。

陈阿姨：哦，你们来了。来，来，快请坐。

王佳丽、陈思汉：阿姨，您好。

陈思汉：阿姨，这是送给您的花，祝您永远¹¹年轻漂亮。

陈阿姨：好漂亮。谢谢你们，让你们破费了。

罗志龙：这是我妈带来的越南点心，你们尝尝。

陈思汉：啊，点心，我的最爱。

陈阿姨：这里还有两盒，等会儿你们带¹²回去。

陈思汉：阿姨，您真好，那我收下了。

王佳丽：哼，馋猫。阿姨，太谢谢您了，您请我们吃饭，现在又送我们东西，我都不好意思了。

罗志龙：佳丽，你们收下吧。妈妈一直说要感谢你们对我的照顾。

陈思汉：就是，好朋友嘛，不用太客气，对不对，志龙？

19

能说会用

功能 1：馈赠

1. 听说您喜欢花，我们一起买来送给您的。

2. 这是送给你的小礼物，祝你生日快乐，天天开心！

3. 这是我的一点儿心意，请您收下吧！

4. 你要是喜欢就拿去吧，我还有一个。

5. 这是我们班的同学一起买的本子和笔，送给幼儿园的小朋友们。

6. 张医生，谢谢您治好了我的病，这是从我们国家带来的礼物，是我的一点心意。

7. 王阿姨，这段时间麻烦您了，这件小礼物，请您一定收下。

☞练一练：

你觉得这样说好不好？如果不好，请帮忙修改。

1. A：你来看老师就行了，不用买礼物来的。

   B：没关系，老师，这个东西才几块钱，特别便宜。

2. A：欢迎，小张，好久不见了，快请进来坐。

   B：伯伯，您好。这是给您买的健身鞋，非常非常贵的，所以请您一定收下。

3. A：小王，那我不送了，你今天回公司时帮我向你们经理问好。

   B：好的，钱先生。这是送您的跑步机，可以帮您减减肥。

功能 2：感谢

1. 在我最困难的时候您帮了我，我永远不会忘记。

2. 要是没有你帮忙，我真不知道怎么办，太感谢你了！

3. 你帮了我们这么多的忙，真不知怎么感谢你！

4. 太麻烦你了，真是不好意思！

5. 这么远给我送过来，太麻烦你了，请进来喝杯茶吧！

6．谢谢大家的关心，认识你们真好！

☞练一练：

在我们的生活中，常常有很多要感谢的人，比如爸爸妈妈、老师、朋友……请说一说在下面的情景中你应该怎样说感谢的话。

1．你有一个语法知识点不懂，一个中国朋友给你讲了三遍，你终于懂了。你会对他说什么？

2．过生日时，同学们一起给你买了一个生日蛋糕祝你生日快乐。你怎么对同学们说？

3．你发烧了，一个人躺在宿舍里没去上课，你的室友特意为你买了早餐回来。你会怎么对你的室友说？

你知道吗

送礼的禁忌

礼物是表达友好的一种方式，怎样送礼是一件很重要的事情。

中国一般有"好事成双"的说法，所以送的礼物最好是双数。但是很多人不喜欢"4"这个数，因为在有些地方方言中，"4"听起来就像是"死"，是不吉利的。白色和黑色也常常被认为是不吉利的，因此选礼物时一般不选白色和黑色的。

中国送礼的禁忌常常和发音有关。"梨"的发音与离别的"离"一样，因此送梨给夫妻或朋友是不合适的。同样，雨伞也不用作礼品，因为"伞"和"散"谐音。在台湾，除了丧事都不能送手帕，手帕是用来擦眼泪的。而在香港，不能送茉莉花和梅花。"茉莉"与"没利"谐音，意思是没有钱赚；而"梅"与"霉"同音，有"倒霉"的意思。

经典诵读

Fù guì zhě sòng rén yǐ cái　rén rén zhě sòng rén yǐ yán
富 贵 者 送 人 以 财，仁 人 者 送 人 以 言。

——战国·屈原《史记》

练习

一、为下列加点的词语选择正确的读音

1. 我建议我们明天下午去。　　　　　　　　　　　　　（　　）
   A. xiànyì　　　　　　B. jiànyì　　　　　　C. qiànyì

2. 你怎么才来？我们等你半天了。　　　　　　　　　　（　　）
   A. bàntiān　　　　　B. bāntiān　　　　　C. bàntián

3. 这两把雨伞的颜色相同，都是蓝色的。　　　　　　　（　　）
   A. xiāngtóng　　　　B. xiàngdōng　　　　C. xiàngtóng

4. 哦，原来如此，我明白了。　　　　　　　　　　　　（　　）
   A. rúbǐ　　　　　　　B. rúchǐ　　　　　　C. rúcǐ

5. 张先生，我有事想向您请教。　　　　　　　　　　　（　　）
   A. qǐngjiào　　　　　B. jǐngxiào　　　　　C. qǐngjiāo

二、选词填空

能　　比如　　半天　　回头　　于是

1. 我想了（　　　　　），才想起那个汉字怎么写。

2. 他在学校经常帮助小明，（　　　　　）他们就成为好朋友。

3. 你（　　　　　）把昨天的作业再说一遍吗？

4. 今天先干到这儿，剩下的工作（　　　　　）再干。

5. 佳丽特别爱运动，（　　　　　）打球、跑步、游泳等她都喜欢。

三、读拼音，写汉字

zuò
（　　）饭
请（　　）

zhōng
闹（　　）
给奶奶送（　　）

bān
（　　）长
（　　）家

jiào
请（　　）一个问题
我（　　）陈思汉

cháng
经（　　）迟到
（　　）一下点心

dài
（　　）帽子
（　　）着钱包

四、换偏旁，变新字，并组词

例：仪→（议）（建议）

昨→（　　）（　　　　）　　　园→（　　）（　　　　）

种→（　　）（　　　　）　　　倘→（　　）（　　　　）

莉→（　　）（　　　　）　　　经→（　　）（　　　　）

五、连词成句

1. 个　想　您　有　我们　问题　请教

_____

2. 买　大伟　思汉　闹钟　建议

_____

3. 大伟　张老师　拿　请　去　作业本　办公室

_____

4. 花　让　买　他　做　佳丽　礼物

_____

六、选择恰当的趋向动词填空

出来　起来　下来　过来

1. 请你再说一遍，好吗？你说得太快了，我没有记（　　　　　　）。

2. 你喝（　　　　　　）了吗？这是什么饮料？

3. 思汉，你帮我把那个杯子拿（　　　　　　），行吗？

4. 我想（　　　　　　）了，你叫王佳丽，对不对？

5. 把你心里想的都说（　　　　　　）吧，看我能不能帮你。

七、照例子，用括号里动词的重叠形式说句子

（散步）

例：女：一起去海边散散步，怎么样？

　　男：好啊，我也正想去海边走走。

（尝）

1. 女儿：_____。

　　爸爸：真好吃，谢谢宝贝！

（打羽毛球）

2. A：_____？

　　B：好啊，都好久没跟你打了，今天终于可以比一比了。

（商量）

3. 观众 1：你觉得他们在说什么？

观众 2：＿＿＿＿＿＿＿＿＿＿＿＿＿＿＿＿＿＿＿＿。

八、选择恰当的句子，完成下面的对话

（在超市，思汉遇到了大伟）

大伟：思汉，你怎么也来了？

思汉：＿＿＿＿＿＿＿＿＿＿＿＿＿＿＿＿＿＿＿＿＿＿

A. 我坐车来的。　　B. 我来买点东西。　　C. 我来超市。

思汉：你呢？

大伟：＿＿＿＿＿＿＿＿＿＿＿＿＿＿＿＿＿＿＿＿＿＿

A. 我要给朋友买生日礼物。

B. 我要去给朋友送生日礼物。

C. 我不知道送什么生日礼物好。

思汉：你看这个金色的闹钟，怎么样？

大伟：很漂亮。

思汉：＿＿＿＿＿＿＿＿＿＿＿＿＿＿＿＿＿＿＿＿＿＿

A. 你应该买这个闹钟。

B. 你买个闹钟，好吗？

C. 你买这个闹钟，怎么样？

大伟：买闹钟？＿＿＿＿＿＿＿＿＿＿＿＿＿＿＿＿＿

A. 我不要买。　　B. 那不能买。　　C. 我不可以买。

思汉：为什么？

大伟：因为在中国，送礼是不能送钟的。

思汉：为什么钟不能做礼物？

大伟：我也不太明白，＿＿＿＿＿＿＿＿＿＿＿＿＿＿＿

A. 你还是回头问问老师吧。

B. 你能回头问问老师。

C. 你想回头问问老师。

九、读课文，用括号里的词语回答问题

1. 思汉知道送什么礼物给陈阿姨了吗？（想不出来）

2. 大伟去超市买什么？（过生日、礼物）

3. 思汉建议大伟买什么？为什么建议买这个？（建议、闹钟、漂亮）

4. 大伟接受思汉的建议了吗？为什么？（礼物、可以、相同）

5. 最后思汉给佳丽打电话干什么？（让……、叫上、一起）

十、选择一个话题进行介绍

1. 在中国哪些礼物是不能送的？为什么？请介绍四种以上的东西。

2. 中国人喜欢和不喜欢哪些颜色和数字？为什么？跟你们国家有哪些相同，哪些不同？

十一、选择一个情景进行分组表演，要求使用括号里的词语

1. 黄方过生日，老师为她买了一个蛋糕，同学们送给她许多礼物。想一想，老师和同学们会送她什么礼物？送她礼物时，老师和同学们又分别会说什么？她收到礼物时分别会说什么？

2. 好朋友要回国帮爸爸做生意，不能再在广州读书了。林风去朋友宿舍跟朋友送别，并送给朋友一些礼物。想一想，林风会送给朋友什么礼物，会怎么说？朋友又会怎么说？

（要求使用的词语：希望、破费、一直、收下、永远）

十二、写一写

在你收到过的礼物中，最难忘的礼物是什么？为什么你觉得这个礼物很难忘？这个礼物是什么样子的？是谁什么时候送你的？为什么送你这个礼物？请以"我最难忘的礼物"为题，写一段话。

第三课

做客

课前热身

听下面的一段对话，说一说 A 和 B 是什么关系。你是怎么知道的？

A：哟，是小明啊。欢迎欢迎，快进来坐。

B：您好，阿姨，小丽在家吗？

A：在，在。她在书房等你呢。

B：阿姨，那我进去找一下她。我帮她把作业本带回来了。

A：好的，进去吧。阿姨给你们洗点水果吃。

B：谢谢阿姨！

开心词典

先[1]　　　　xiān　　　　　　副词

　　例：你先说，我再说。//是谁先到的教室？

显得[2]　　　xiǎn·de　　　　　动词

　　例：显得很高兴　显得生气极了　显得很宽

　　　　讲了一天课，老师显得有点累。

认真[3]　　　rènzhēn　　　　　形容词

　　例：认真的医生　写得很认真　认真地说

　　　　你再认真找一找，手表一定就在这个房间。

从来[4]　　　cónglái　　　　　副词

　　例：这种事我从来没听说过。//他从来不抽烟。

结婚[5]　　　jié//hūn　　　　　动词

例：跟她结婚　结婚多年　结不了婚
他们准备结了婚就一起去美国读书。

再说[6]　　　zàishuō　　　　　动词

例：回头再说　先做完作业再说
弟弟正在看书，我叫他出去打球，他说："等我写完作业再说。"

既然[7]　　　jìrán　　　　　　连词

例：既然你们已经认识了，那我就不用给你们介绍了。
既然他已经说对不起了，你就别生气了。

发生[8]　　　fāshēng　　　　　动词

例：十字路口发生了一起事故。//那里好多人，发生了什么事?

告别[9]　　　gào//bié　　　　　动词

例：告别母校　告别了亲人　已经和酒告别了
朋友要出国留学了，我下午得去跟他告别。

结束[10]　　jiéshù　　　　　　动词

例：结束考试　结束的时间　结束不了
比赛现在结束了，最后是中国队赢。

舍不得[11]　shě·bu·de　　　　动词

例：舍不得走　舍不得穿　舍不得借给别人
孩子知道父母辛苦，所以舍不得多花钱。
我最喜欢这只小狗了，我可舍不得把它送人。

处理[12]　　chǔlǐ　　　　　　动词

例：处理问题　处理得很快　处理不了
经理，我把最急需处理的文件放在您桌上了。

得[13]　　　děi　　　　　　　助动词

例：快12点了，我得走了。
我们得快点儿，不然又迟到了。//要下雨了，得带把伞。

赶[14]　　　gǎn　　　　　　　动词

　　例：赶回家　赶去跟朋友告别　赶飞机　赶时间　赶不上火车

　　　　啊，已经 4 点了，可能赶不上 4 点半的飞机了，怎么办？

可怜[15]　　kělián　　　　　　形容词

　　例：可怜的孩子　真可怜　可怜极了　少得可怜

　　　　这只小狗那么小就被主人扔掉了，真可怜！

汉字乐园

有的汉字有两个甚至三个发音，叫作"多音字"。我们来看下面三个：

处：

"处"原来的样子像一个人靠着"几"（小桌子）休息，"处"的第一个意思就是"暂时停止，休息一会儿"。后来"处"有了"居住"的意思。现在"处"有两个读音，"相处、处理"的"处"读 chǔ，而在"住处、到处"中读 chù。

结：

"纟"原写作"糸"，一端像丝带的下方，一头像丝带的头，中间是丝，本义是细丝。因此带"纟"或"糸"的字都与丝线、纺织或布匹有关，例如"线、经、系、紧、紫"等。"结"的意思是用线系，读作 jié（结束）。

"结"还有一个读音是 jiē，意思是"植物长果实"，例如"树上结了很多梨子"。

发：

有两个读音 fā 和 fà，在"出发、发作业、头发、发型"里分别读哪个音呢？

主课文

在杨老师家做客

今天是"十一"，杨老师请全班同学去他家吃饭。

我们 8 点集合，先[1]商量买什么礼物。商量了半天，最后大家一起买了一个果篮。路 上 有点儿堵车，我们 10 点才到杨老师家。杨老师家的房子挺大的，可是我们 20 个人一进去就显得[2]小了。

杨老师和几个同学在客厅聊天，玉兰和丽珍在厨房里帮师母准备饭菜，我也过去帮忙，可是越帮越忙。于是，我就出去和大伟他们包饺子。师母已经提前准备好了饺子皮和馅儿，大家认真[3]地包着饺子。你一定想不到我们包的饺子是什么样子的。

人多力 量 大，不到 12 点，饭菜都做好了。大家吃得很开心，特别是吃饺子的时候。杨老师说，他从来[4]没见过这么"漂亮"的饺子。

★集合：许多分散的人或物聚在一起。

★挺……的：很……
挺漂亮的　挺累的

★师母：老师的妻子。

★越……越……
越长越高
越练口语，说得越好

会话 1

朋友结婚[5]了

（王佳丽有个朋友叫李达达，他是一名 gōng sī zhíyuán 公司职员，前两天刚结婚，王佳丽去 xīnfáng 新房看望他们）

新娘子：这是今年的新茶，尝尝看，好喝吗？

王佳丽：嗯，不错，我喜欢这种 qīngxiāng 清香。你们可以休息几天？

李达达：我们可以休 15 天。

王佳丽：要去哪儿 dù mìyuè 度蜜月吗？

李达达：不去了。为了准备 hūn lǐ 婚礼，前些天累死了，现在只想在家休息。

王佳丽：结婚有这么累吗？

李达达：要不，你也结次婚试试？

王佳丽：等我找到男朋友再说[6]吧。既然[7]你们不出门，正好，明天去喝 zǎochá 早茶吧。

李达达：好啊。

（他们聊了很多婚礼上发生[8]的 qù shì 趣事，时间过得很快）

王佳丽：都 5 点半了，我该走了。

新娘子：吃了晚饭再走吧。

王佳丽：不用了。明天我一个好朋友的妈妈要回国，我和同学约好今晚去看看她。

会话 2

陈阿姨要回国了

（在酒店的房间里，陈思汉和王佳丽来跟志龙妈妈告别[9]）

陈思汉：阿姨，好快啊，您明天就要回国了。

陈阿姨：是啊，广交会结束[10]了，我也该回去了。

王佳丽：阿姨，我好喜欢跟您聊天啊，真舍不得[11]您走。

罗志龙：我也不想让妈妈走，可是公司里还有一大堆(duī)事要她去处理[12]呢。

陈思汉：阿姨，您什么时候的飞机？我们去送送您吧。

陈阿姨：上午 9 点多的飞机。不用送，你们明天还得[13]上课呢。

陈思汉：佳丽，我们走吧，让阿姨早点休息，明天一早她还要赶[14]飞机呢。

陈阿姨：不急，不急，再坐一会儿。

罗志龙：我妈妈特别喜欢跟你们聊天。

陈思汉：我们已经坐了半天了，该告辞(gào cí)了。

王佳丽：阿姨，等我放假了，就去越南找您吧。

陈阿姨：好啊，到时我们聊上三天三夜。

罗志龙：真的吗？那我可怜[15]的耳朵会受 不了(shòu·bu liǎo)的。

能说会用

功能 1：告别

1. 快 12 点了，我该走了，你好好休息吧。

2. 我下午还有点儿事，得先走了。

3. 你们慢慢吃，我先回公司了。

4. 刘老师，谢谢您这一年对我的关心，欢迎您去泰国。

5. 祝你一路平安，如果有空一定要回来看看。

6. 认识你们很开心，我们后会有期！

功能2：送别

1. 慢走，以后再来玩啊！

2. 我就不远送了，你们慢走。

3. 那我就送到这儿了，你们路上注意安全。

4. 你一个人在外边一定要注意身体。

5. 再见，祝你一路顺风！到那儿别忘了给我来个电话。

6. 再见，以后常联系。

功能3：结束交谈

1. 已经12点了，我们先谈到这儿吧，先去吃饭。

2. 今天就先谈到这儿吧，以后再聊。

3. 好了，先吃饭吧，回头再谈。

4. 时间不早了，我得先走了，这件事我们另外再找个时间谈，怎么样？

☞练一练：

1. 请选出告别或送别时说的句子。

告别　　　　　　送别

（1）没想到你这么快就要回国，我会想你的。

（2）你们回去吧，好好休息一下，不用送我们了，我们认识路。

（3）要不是得上课，真想跟你们一起去。

（4）你一个人去那么远的地方，一定要照顾好自己。

（5）祝你一路平安，回国再见。

2．不同情景中结束交谈的语句也不同。请为下面的情景选择正确的表达，并说一说除了这样表达还可以怎样说。

（1）在微信上跟朋友聊到很晚，你已经不想再聊了，应该怎样说？

A．我的情况就是这样，请各位指正。

（2）面试中自我介绍完时，你应该怎样说？

B．我们走吧，你也该好好休息一下，明天还要赶飞机呢。

你知道吗

中国的待客礼节

"有朋自远方来，不亦乐乎？"中国人喜欢交朋友，也特别注意待客的礼貌。

家里来了客人，主人常常让客人喝茶。上茶时，为表尊敬，主人会双手递送茶杯，茶倒七分满。客人如果不渴，不用把茶全喝完，不然，主人会不停地倒茶。

当客人要离开的时候，主人可能会说"再坐一会吧"这样的话，但这常常是为了表示友好，客人可以看情况来决定是否离开，比如是不是还有事情要说，或者时间早晚等。

经典诵读

Sān rén xíng   bì yǒu wǒ shī yān
三 人 行 ， 必 有 我 师 焉 。

——《论语·述而》

练习

一、选词填空

地 可怜 清香 蜜月 显得 果篮 处理 受不了

1. 你看，小丽（　　　　）很高兴，一定是有什么好事。

2. 志龙在前面慢慢（　　　　）走着。

3. 请您等一会儿，经理正在（　　　　）一些重要的事情。

4. 那位老人病了，却没人照顾，真（　　　　）！

5. 这玫瑰花有一种（　　　　）的味道。

6. 昨晚我肚子疼得（　　　　），只好去了医院。

7. 你们结婚后要去哪儿度（　　　　）？

8. 这个（　　　　）是我买来送给你的。

二、给画横线的多音字选择正确的读音

1. 他们已经结（jié jiē）婚多年。

2. 一想到每个月房租得（dé de děi）交 3000 多元，他就显得（dé de děi）特别不开心。

3. 这是妹妹最喜欢的玩具，她可舍（shě shè）不得送给别人。

4. 我已经到处（chǔ chù）找了，就是找不到经理要处（chǔ chù）理的那份文件。

5. 我们一点一点地（de dì）打听，终于找到了那个地（de dì）方。

三、为下面画横线的词语写出反义词

1．他姐姐和一个商人<u>结婚</u>了。（　　　　）

2．欢迎<u>光临</u>，快请坐。（　　　　）

3．你可以回国和家人一起过中秋节，你太<u>幸福</u>了！（　　　　）

4．我们什么时候<u>开始</u>？（　　　　）

5．听写时我太<u>马虎</u>了，写错了很多字。（　　　　）

四、选词填空

虽然　　既然

1．（　　　　）你肚子疼，那就去医院看看吧。

2．（　　　　）老师讲过了这个词，但我还是不会用。

3．（　　　　）明天会下雨，那我们就别去逛北京路了。

发现　　发生

4．广州这几年（　　　　）了很大的变化。

5．我（　　　　）你最近特别喜欢打篮球。

6．我们过去看看，前面（　　　　）了什么事。

告别　　分别

7．听说你要回国了，我是来跟你（　　　　）的。

8．我们（　　　　）了这么久，好想你啊。

9．（　　　　）家乡，一个人来到这么遥远的地方，怎么不想家呢？

五、照例子，用加点的句式完成对话

例：A：都十二点多了，该下课了。

B：是啊，快点下课吧，我要去买吃的。

（6 岁多　自己洗）

1. 妈妈：孩子，你还小，妈妈来洗吧。

   孩子：＿＿＿＿＿＿＿＿＿＿＿＿＿＿＿＿＿＿＿。

（1.3 米　买门票）

2. 顾客：小姐，请问我女儿也要买门票吗？

   售票员：1.2 米以上的都要买票。＿＿＿＿＿＿＿＿＿。

（10 点半　回家）

3. 客人：＿＿＿＿＿＿＿＿＿＿＿＿＿＿＿＿＿＿＿＿＿。

   主人：好的，以后有空儿再来玩儿。

（7 点　起床）

4. 学生 A：＿＿＿＿＿＿＿＿＿＿＿＿＿＿＿＿＿＿＿＿。

   学生 B：是啊，每天起早床真困啊。

六、看图，用"就要……了"句式写句子

1. _____

2. _____

3. _____

七、完成对话

1. A：谁是第一个到教室的？

   B：_____，我是第二个。（先）

2. A：今天早上他怎么了？ _____。（显得）

   B：因为昨天他睡得太晚了。

3. A：我们去哪儿吃？

   B：去吃辣的吧，我爱吃辣的。

   A：_____。（既然……就……）

4. A：不能再拍了，该走了，大家都在等你呢。

   B：这么漂亮的地方，_____。（舍不得）

5. A：买书的钱怎么给你？

   B：我先帮你买了，_____。（再说）

6. A：你以前学过汉语吗？

   B：_____。（从来）

八、用括号里的词语回答问题

1．我们为什么要 8 点集合？（先）

2．我们觉得杨老师家的房子怎么样？为什么？（挺、显得）

3．"我"为什么不在厨房帮忙？（越……越……）

4．我们喜欢包饺子吗？（认认真真）

5．我们包的饺子怎么样？（从来）

九、选择一个情景进行表演，要求使用括号里的词语和句式

1．张玉兰的朋友刚从泰国来到广州学习汉语，张玉兰去朋友的宿舍看望她，两人聊了一会儿后，张玉兰告辞。

2．赵老师刚搬了新家。孙克、刘大伟和张玉兰、林丽珍一起去赵老师的新家祝贺。他们在赵老师家吃了晚饭后玩了一会儿，就跟老师告别了。

（要求使用的词语：从来、舍不得、得（děi）、既然、显得）

（要求使用的句式：都……了、该……了、……有这么……）

十、写一写

你想邀请大家去你家做客，你会怎么邀请客人？为什么邀请大家？为了请大家来你家做客，你会怎么准备？请以"欢迎你们来我家做客"为题，写一段话。

第二单元

第四课

比一比再买

🌤 **课前热身**

98 元　　　120 元

用"比"来说一说上面各组图片。

🌸 **开心词典**

好¹　　　hǎo　　　　　　形容词

　　例：写好作业　做好饭了
　　　　外边太冷，穿好了衣服再出去。

拉²　　　lā　　　　　　　动词

　　例：拉开他们俩　拉着手　拉上佳丽
　　　　我自己会走，你别拉着我！

比³　　　bǐ　　　　　　　介词

　　例：哥哥比我高　比他长得高　比不上

班上很多同学的汉语都比我的好。

这家饭馆的菜不比那家的便宜。

一些[4]　　　yīxiē　　　　　　数量词

例：一些同学　喝了一些水

下了一天雨，今天比昨天冷一些，所以你要多穿一件衣服。

而且[5]　　　érqiě　　　　　　连词

例：他不但会开车，而且会修车。

思汉不但会说汉语，而且说得很好。

妈妈比我聪明，而且比我漂亮。

保证[6]　　　bǎozhèng　　　　动词

例：保证金　保证书　向客人保证　保证新鲜　无法保证

老师，我保证明天不再迟到了。

同意[7]　　　tóngyì　　　　　　动词

例：不同意他的想法　非常同意　请您同意

我想去中国留学，妈妈同意了，真让人高兴。

　　　　fǎnduì
【反】反对

保护[8]　　　bǎohù　　　　　　动词

例：保护环境　保护得很好　好好保护

动物是人类的朋友，我们要保护它们。

　　　　ài hù
【近】爱护

应该[9]　　　yīnggāi　　　　　助动词

例：应该保护眼睛　不应该

我们是来学汉语的，所以上课时应该认真听讲。

提醒[10]　　tí//xǐng　　　　　动词

例：提醒自己　提个醒儿　闹钟提醒　来电提醒

我把书包放这儿了，我要是忘了拿，麻烦你提醒一下我。

以为[11]　　yǐwéi　　　　　　动词

例：没想到你来了，我还以为你不来了呢。

他的汉语说得这么好，大家都以为他是中国人呢。

汉字乐园

集：jí

"隹"指一群鸟，一群鸟停在树上，意思是"聚在一起"。想一想在哪些字里见到过"隹"。

题：tí

含有"页"的汉字与"头"有关，例如"额、颜、顶"等。"题"的本义是额头，后来有了"物品的前端或顶端""题目"等意思。

保：bǎo

像一个人用手抱孩子的样子，本义是把孩子背在背上，引申出"保护、保养"之意。

主课文

货比三家

　　我发现自己不像个女孩子，因为我不太会买东西。

　　前几天和思汉买礼物，约好¹一起去买花。我们去了学校附近的花店，思汉一边看一边问花的价钱(jià·qián)，我刚要买，他拉²着我出去了，说买东西要多看一看，比³一比。

　　第二家花店不比前面(qián miàn)那家大，但里面(lǐ miàn)的花比

★买东西要"货比三家"，你知道是什么意思吗？

★"V₁一V₁，V₂一V₂"结构

看一看，说一说

听一听，看一看

尝一尝，比一比

★……得多

大得多　漂亮得多

高得多　便宜得多

★会 + 动词

很会画画

不太会唱歌

★好好

考完了，可以好好休息一下了。

再好好想一想，有没有别的办法。

前面那家多得多。百合（bǎi hé）比第一家的要便宜两块呢，玫瑰（méi·gui）也便宜一些[4]。

我们订了一个花篮（huā lán），告诉店老板下午再取。老板说没问题，而且[5]保证[6]都是最新鲜的花。我要付（fù）钱，思汉说先付订金（dìng jīn）吧，老板同意[7]了。

思汉真是会买东西，很多女生都比不上他。我要好好向他学习。

会话 1

打折（dǎ // zhé）时间

陈思汉：志龙，你去哪儿了？

罗志龙：刚去超市买了点牛肉（niú ròu），还有面包。

陈思汉：现在买啊？要是我，就晚上去买。

罗志龙：为什么？

陈思汉：因为这些食品（shí pǐn）到了晚上就会打折。

罗志龙：打折？能打几折？

陈思汉：有的打八折，有的还买一送一呢。

罗志龙：哇，晚上比白天便宜这么多啊。早知道我就晚上去了。

陈思汉：别忘了自己带着购物袋（gòu wù dài）。

罗志龙：为什么啊？

陈思汉：少用塑料（sù liào）袋，保护[8]环境（huán jìng）啊。

会话 2

买早了

王佳丽：丽珍，你看，我在北京路^{Běijīng lù}买的新衣服。漂亮吧？

林丽珍：真漂亮，肯定不便宜吧。

王佳丽：是啊，700 多块呢。

林丽珍：哎呀^{āi yā}，你去的时候我应该⁹提醒¹⁰你一下。

王佳丽：怎么了？

林丽珍：下个星期就是"十一"了，北京路很多 商 场^{shāng chǎng} 都有优惠活^{yōu huì huó} 动^{dòng} ，有的打折，有的买东西送购物 券^{quàn} 。

王佳丽：啊？你怎么不早告诉我啊？要是早知道就好了！

林丽珍：我以为¹¹你只是逛逛，没想到你买了这么多东西。

王佳丽：到"十一"的时候你再陪我去逛一次吧。

林丽珍：好，没问题。

王佳丽：到时候你一定要帮我砍 价^{kǎn // jià} 啊。

林丽珍：当然了。

能说会用

功能 1：比较

1. 今天比昨天热得多。

2. 我学习没有她努力。

3. 你的宿舍也挺大的，不比我的小。

4. 对有些人来说，今天和明天好像没什么不一样。

5. 我觉得对我来说，在南方生活和在北方生活都一样。

6. 他和我们不一样，小时候在中国生活，汉语口语已经没问题了。

☞练一练：

用"比"字句说一说原因。

1. 朋友要买手机，你觉得他买哪一种好，三星的还是苹果的？

2. 罗志龙的妈妈要去机场赶飞机，你觉得怎么去机场比较好？坐机场大巴还是打的？

3. 王小鱼第一次来中国读书，他在找住的地方，你觉得住在学校宿舍好，还是在外边租房子好？

功能 2：后悔

1. 早知道你这里有，我就不会花 90 块去买一个了。

2. 要是那时候我们买这套房子就好了。

3. 我真不该这样对你说话，我很后悔。

4. 他们叫我一起去丽江玩，可我没去，真后悔死了。

☞练一练：

人总有后悔的事，当遇到后悔的事时，你会怎么说？

1. 昨天晚上佳丽去看了电影，今天上午考试时发现很多汉字都学过，但因为没复习，所以都不太会写。

小花：佳丽，考得怎么样？

佳丽：没考好，很多汉字都不会写。

小花：昨晚没复习？

佳丽：嗯，看电影去了。_____。

2. 爱丽因为没吃过湘菜，就邀请朋友去吃湘菜。她们一尝，觉得湘菜太辣了，吃不了。

朋友：我们去吃广州菜吧。

爱丽：广州菜已经吃过了，但湘菜还没吃过。要不，我们去吃湘菜吧。

（她们尝了湘菜）

朋友：哎——哎——好辣啊，怎么吃啊！

爱丽：＿＿＿＿＿＿＿＿＿＿＿＿＿＿＿＿＿＿＿＿＿＿＿＿＿＿＿。

3．今天听说课改为阅读课，但思汉不知道，所以带错了书。

思汉：今天上阅读课？但我只带了听说课的书啊！

大伟：是啊，昨天老师说今天不上听说课了，佳丽没告诉你？

思汉：没有啊，可能她忘了。

大伟：＿＿＿＿＿＿＿＿＿＿＿＿＿＿＿＿＿＿＿＿＿＿＿＿＿＿＿。

思汉：是啊，要是你早告诉我，我就不会带错书了。

你知道吗

几种常见的优惠方式

买东西时最常见的打折方式是×折优惠。例如，八折优惠，意思是20% off，就是价格比原来低20%。不同的是20% sale，如果用汉语来说，是商品的价格是原来的20%，即打两折。

除了打折，还有"买……送……""买……减……"等方式。例如买100元送50元、买100元减50元。

考考你：买100送50、买100减50和打五折的价钱一样吗？

经典诵读

Jiè rén wù　 jí shí huán　 hòu yǒu jí　 jiè bù nán
借 人 物，及 时 还，后 有 急，借 不 难。

——清·李毓秀《弟子规》

练习

一、看拼音，写词语

shí pǐn   kǎn jià   yōu huì quàn   huán jìng

（　　　） （　　　） （　　　　　） （　　　　）

shāng chǎng   jià qián   wèn tí   bǎo zhèng

（　　　　） （　　　） （　　　） （　　　）

二、比一比，组词语

正（　　　）   约（　　　）   立（　　　）

证（　　　）   药（　　　）   拉（　　　）

题（　　　）   该（　　　）   问（　　　）

提（　　　）   孩（　　　）   闻（　　　）

三、选词填空

一些　以为　保护　购物　袋子　优惠

1. 我拿了几个（　　　　）来装东西。

2. A：你还有多少作业没写？

　　B：我还有（　　　　），所以不能跟你们出去看电影了。

3. 周末商场都有（　　　　）活动，比如打九折等。

4. 我还（　　　　）你知道，所以就没有跟你说。

5. 女孩最喜欢逛街（　　　　）了，每次上街都会买很多东西回来。

6. 动物也是人类的朋友，我们应该（　　　　）它们。

四、下面的概数怎么说

例：2889 元→差不多 3000 元

2 小时 50 分 → （　　　　　） 　　　 1.87 米 → （　　　　　）

890 米 → （　　　　　） 　　　 58 千克 → （　　　　　）

五、用"比"字句说一说

1.

百合：16.00 元 　　　　　　　　　　 玫瑰：6.00 元

2.

《新华字典》24.90 元 　　　　　 《现代汉语词典》109.00 元

3.

9 小时 　　　　　　　　　　　　　 2 小时

六、照例子，用"怎么……?"改写下面句子中画线的部分

例：你应该早点告诉我。

　　你怎么不早点告诉我?

1. 既然要送朋友赶飞机，你应该早点来。

_____

2. 你不应该告诉他，这会让他担心的。

_____

3. 这么好看的电影，<u>我们当然都喜欢</u>。

_____

4. 学习是自己的事情，<u>我当然不能帮你写作业</u>。

_____

5. 这个字我学过，<u>当然会写</u>。

_____

七、完成对话

1. A：你会说汉语？说得怎么样？

   B：_____，_____。（而且）

2. A：服务员，你们的招牌菜好吃吗？

   B：_____。（保证）

3. A：我们还是晚上去买吧。你觉得呢？

   B：_____。（同意）

4. A：老师，他的头好烫，一定是发烧了。怎么办？

   B：_____。（应该）

5.

最后离开的人请关空调

   A：这张图是什么意思？

   B：_____。（提醒）

八、用括号里的词语回答问题

1. 思汉为什么把"我"拉出了第一家花店？（比一比）

2. 第一家花店和第二家花店有哪些不同？（不比、多得多、便宜一些）

3. 第二家花店的老板向我们保证什么？（没问题、而且、新鲜）

4. "我"觉得思汉怎么样？（会、比不上）

九、口语活动

我们要买一些水果去看望杨老师，请分组辩论一下：是去市场还是去超市买更好？

（请使用以下词或句式：比；比不上；……得多；要是我，就……；优惠）

十、写一写

请写一段话，说一说你喜欢或不喜欢去哪里购物。为什么？对于那里的老板，你有什么建议？

第五课

讨价还价

课前热身

1. 你一般在哪些地方买东西？在哪儿买东西可以讲价？
2. 你常常在网上买东西吗？遇到过什么问题？

开心词典

查[1]　　　chá　　　　　　动词

　　例：查字典　在网上查
　　　　这个字我也不认识，你找本字典查一下吧。

确实[2]　　quèshí　　　　　副词

　　例：确实不错　确实如此
　　　　这件事确实是我不对，对不起。

凑[3]　　　còu　　　　　　动词

　　例：凑200块钱　凑热闹

我们凑够 10 个人就可以团购了。

以上[4]　　yǐshàng　　　　方位词

例：100 人以上　5 斤以上　80 分以上

在广州，65 岁以上的老人坐公交车不用买票。

得到[5]　　dé//dào　　　　动词

例：得到好处　得到表扬　得不到

为了得到这份工作，她现在每天练习口语。

够[6]　　gòu　　　　　　动词

例：够大　够多　够吃　够用　玩个够　喝个够

够了够了，不用再拿了。//四个菜，五个人够吃吗？

装[7]　　zhuāng　　　　动词

例：装得下　装进去　装不了

这么小的包，装不下这么多东西吧？

坏[8]　　huài　　　　　　形容词

例：用坏了　摔坏了

牛奶坏了。//耳机才用了三天就坏了。

任何[9]　　rènhé　　　　代词

例：任何事　任何问题　任何时候

她现在心情不好，不想见任何人。

大方[10]　　dà·fang　　　形容词

例：出手大方　又舒适又大方

这件衣服式样很大方。

眼光[11]　　yǎnguāng　　　名词

例：眼光好　眼光高　没眼光

这是我们店里最好卖的手机，你真有眼光。

真心[12]　　zhēnxīn　　　名词

例：一片真心　真心喜欢

我是真心喜欢学汉语，不是为了让爸爸妈妈高兴。

不如[13]　　bùrú　　连词

例：12 点了，不如我们一起去吃饭吧。

我喜欢花，不如再便宜点儿，我以后常常来你这里买。

汉字乐园

实：shí

原写作“實”，“宀”是房屋，“貫”是货物，房屋里装满了货物，意思是财物粮食充足富有。含有“宀”的字大多与房屋有关，例如“室、客”。

流：liú 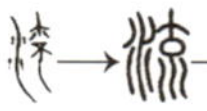→流

水流动，后来像水一样的流动都称为“流”，例如“流血、流汗”。“㐬”有“顺”的意思，“梳”头发是让头发顺滑，“疏”通是让道路顺畅，交通通行。

够：gòu

“句”（）是“弯曲”的意思，数量多到（车辆或木架等的）木板开始弯曲，所以“够”了。我们已学过的含有“句”的两个字都读 gou，即“够、狗”。

主课文

怎么买更划算（huásuàn）

丽珍要买《现代汉语词典》，朋友说在网上买又方便又便宜。她在当当网（Dāngdāngwǎng）和亚马逊（Yàmǎxùn）查[1]了一下，《现代汉语词典》原价（yuán jià）109 元，网上都只卖 87 元，而且第二天就可以送到，确实[2]不错。

★又……又……

又好吃又好看

又快又便宜

丽珍先问亚马逊的<ruby>在线客服<rt>zàixiàn kè fú</rt></ruby>，价钱能不能再便宜点。对方说他们不<ruby>讲价<rt>jiǎng//jià</rt></ruby>，但是现在有满100<ruby>减<rt>jiǎn</rt></ruby>10元的优惠活动。丽珍又问当当网，当当网也说不能再打折，但现在可以买200送40，而且免费送货。

丽珍想<ruby>凑<rt></rt></ruby>³满200，就给志龙打电话，问他要不要买些书，最好是124块以上⁴。志龙一听就乐了，为了得到⁵40块的优惠，多花100多块，真叫人<ruby>搞<rt>gǎo</rt></ruby>不明白！最后，丽珍决定只买一本词典。

★讲价：也可以说"还价"。

★减：去掉。

★搞不明白：不能理解。

会话 1

还是有点贵

（在电脑<ruby>城<rt>chéng</rt></ruby>，陈思华和陈思汉正在一家店里买U<ruby>盘<rt>pán</rt></ruby>）

陈思汉：思华，这家有很多U盘卖。

售货员：您好，买U盘吗？要多大的？

陈思华：32 G就<ruby>够<rt></rt></ruby>⁶用了，能<ruby>装<rt></rt></ruby>⁷很多东西了。

售货员：你看一下这<ruby>款<rt>kuǎn</rt></ruby>，很不错，32 G，100元。

陈思汉：<ruby>质量<rt>zhìliàng</rt></ruby>怎么样？会不会用两天就<ruby>坏<rt></rt></ruby>⁸了？

售货员：怎么会？我自己也用这款，用两年了，没出现过<ruby>任何<rt></rt></ruby>⁹问题。

陈思华：我们是学生，能不能再便宜点儿？

售货员：你们在网上查查，都是这个价。

陈思汉：还是有点贵。要不我们再去别的店看看吧。

（陈思汉和陈思华刚离开，售货员叫住了他们）

售货员：哎，算了算了，就便宜一点儿给你们吧。

会话 2

不如给个 整数吧

（佳丽陪爸爸去白马服装批发市场 批发服装 ）

王佳丽：爸爸，你看，这套衣服多漂亮！

爸　爸：嗯，式样大方[10]，料子也很好。

老　板：你们眼光[11]不错，这款在我们店卖得最好。

爸　爸：老板，这套衣服批发价多少？我们想先拿一些回去试试。

老　板：270。你们要多少？我仓库里还有二三十套。

王佳丽：啊，这么贵，我们拿回去可能不太好卖啊。

老　板：一分钱一分货嘛。这样吧，如果你们真心[12]想要，就220吧。

王佳丽：老板，不如[13]给个整数，200吧。

老　板：好吧。这么便宜卖给你们，以后可要多照顾我的生意啊。

能说会用

功能1：犹豫

1. 要不我们再去别的店看看吧。

2. 这么贵，我们拿回去可能不太好卖啊。

3. 这个……咱们以后再说吧。

4. A：小王，李明生病了，今天不来上班，他的工作你来做吧。

B：啊……好吧。

5. 要是不告诉他，他会生气，如果告诉他，不知道应该怎么说，我真不知道怎么办。

功能 2：**赞美**

1. 这套衣服多漂亮！

2. 式样简单大方，料子也很舒服。

3. 你们眼光不错，这款在我们店卖得最好。

4. 好极了！

5. 她又聪明又漂亮。

☞练一练：

每个人身上都有值得赞美的地方，请你挑选三个人，向你的同桌赞美他们，并写下来。

1. _____

2. _____

3. _____

功能 3：**决定**

1. 算了算了，就便宜一点儿给你们吧。

2. 就这么定了，我现在就回去准备。

3. 就这样吧，不改了。

4. 我们已经商量好了，明天就去买票。

5. 我已经决定了，不会再改了。

☞练一练：

1. 下面三句话分别是哪种功能常用的？请写在同一类句子下面。

（1）那……就这样吧。

（2）你汉语发音真好。

（3）那就这样吧，坐飞机去。

2. 请分别使用表示"犹豫""赞美"和"决定"的语言功能项目，完成以下练习。

请找出你最喜欢的一件东西，写下你希望的价格，卖的人也写下自己心中的价格，但是都不要让对方知道自己写的是多少钱。然后双方讨价还价，卖东西的人赞美自己的东西，买东西的人有些犹豫。看看最后的价格和哪一个比较接近。

你知道吗

怎么买更便宜

以前人们买东西一般去商场、超市或者市场。超市的东西一般不能还价，大商场的东西也是。但是它们的价格在不同时期或者时段会有不同。所以，如果想买到更便宜的东西最好先对比一下。市场里的东西常常是可以还价的，所以这也是一个可以练习口语的地方。

现在越来越多的人，特别是年轻人喜欢网购，就是在网上买东西，觉得又方便又便宜。可是有时候在网上买到假的或者有问题的商品，退换货比较麻烦。所以挑选的时候要小心一些。

经典诵读

Wù yǐ xī wéi guì
物 以 稀 为 贵。
——唐·白居易《小岁日喜谈氏外孙女孩满月》

练习

一、写出有下列部件的字

氵_____ _____ _____   礻_____ _____ _____

不_____ _____ _____   艮_____ _____ _____

二、组词语

查＿＿＿　　＿＿＿　　＿＿＿　　装＿＿＿　　＿＿＿　　＿＿＿

眼＿＿＿　　＿＿＿　　＿＿＿　　真＿＿＿　　＿＿＿　　＿＿＿

三、连一连，读一读

确　　　何　　　　批　　　库

任　　　光　　　　质　　　意

大　　　实　　　　仓　　　量

眼　　　心　　　　生　　　数

真　　　方　　　　整　　　发

四、请选出每句话里读第四声的字

1. 这些话确实是我说的。

2. 你的新手机质量怎么样？

3. 如果你真心买，就 400 吧。

4. 你昨天穿的那套衣服很好看。

5. 我们两个人吃饭，50 块就够了。

五、选词填空

确实　凑　任何　眼光　得到　够　真心

1. 我们一共五个人，四个菜（　　　　）吗？

2. A：听说杭州很漂亮。

　　B：（　　　　），我去年去了那里，太美了。

3. 如果你（　　　　）想做好一件事，你一定可以做好。

4. 她（　　　　）太高了，这么好的工作也不要。

5. 为了（　　　　）20 块钱的优惠，她又买了 100 块钱的东西。

6. 你们要不要再点一个菜？（　　　　　）满 200 元可以每人送一杯饮料。

7. 小时候我觉得有（　　　　　）问题都可以问爸爸，他总是知道答案。

六、写一写，如果你买这些东西，你有什么要求

例：甜的　不能太贵　新鲜　进口的 _____

1. _____

2. _____

3. _____

七、完成对话和句子

1. A：星期六我们去哪儿？

   B：这几天这么热，不如_____。

2. A：天天在学校吃饭，吃腻了。

   B：听说_____，不如_____。

3. A：你看我穿这件怎么样？

B：＿＿＿＿＿＿＿＿＿＿＿＿＿＿＿＿＿＿＿＿＿＿＿会更好。（一点儿）

4. 写"天"的时候，下面的横要比上面的＿＿＿＿＿＿＿。（一点儿）

5. A：你见过大卫的女朋友吗？

B：＿＿＿＿＿＿＿＿＿＿＿＿＿＿＿＿＿＿＿＿。（又……又……）

6. A：为什么这家超市的人这么多？

B：＿＿＿＿＿＿＿＿＿＿＿＿＿＿＿＿＿＿＿＿。（又……又……）

八、连词成句

1. 我　了　两年　用　这手机

＿＿＿＿＿＿＿＿＿＿＿＿＿＿＿＿＿＿＿＿＿＿＿

2. 手机　最好的　卖得　这　是　一款

＿＿＿＿＿＿＿＿＿＿＿＿＿＿＿＿＿＿＿＿＿＿＿

3. 也　好　价格　味道　便宜　很

＿＿＿＿＿＿＿＿＿＿＿＿＿＿＿＿＿＿＿＿＿＿＿

4. 只要　原价　320元　200元　现在

＿＿＿＿＿＿＿＿＿＿＿＿＿＿＿＿＿＿＿＿＿＿＿

5. 全部　满　100元　10元　商品　减

＿＿＿＿＿＿＿＿＿＿＿＿＿＿＿＿＿＿＿＿＿＿＿

九、三人一组写句子，每个句子要用到下面的两个词语，写完后各组交换批改

真心　只要　眼光　大方　任何　愿意　查　够

1. ＿＿＿＿＿＿＿＿＿＿＿＿＿＿＿＿＿＿＿＿＿＿＿

2. ＿＿＿＿＿＿＿＿＿＿＿＿＿＿＿＿＿＿＿＿＿＿＿

3. ＿＿＿＿＿＿＿＿＿＿＿＿＿＿＿＿＿＿＿＿＿＿＿

4. ＿＿＿＿＿＿＿＿＿＿＿＿＿＿＿＿＿＿＿＿＿＿＿

十、根据上下文填空

亮　价　买　量　城　盘　板　够　点　货

这个星期六，思汉和佳丽都出去＿＿＿＿＿＿东西了。

思汉和思华去了电脑＿＿＿＿＿＿，思华想买一个 U ＿＿＿＿＿＿，他觉得 32 G 就＿＿＿＿＿＿了。他们看到一个 100 元的，售货员说质＿＿＿＿＿＿很好，他自己已经用了两年了。思华觉得不错，可是思汉觉得有＿＿＿＿＿＿贵。他们要走的时候，售＿＿＿＿＿＿员说可以便宜一点儿。

佳丽和爸爸去服装市场买衣服。他们看到一款很漂＿＿＿＿＿＿的衣服，老＿＿＿＿＿＿说 270 元，最后他们 200 元就买到了，佳丽觉得讲＿＿＿＿＿＿很有意思。

第六课

试试中医

课前热身

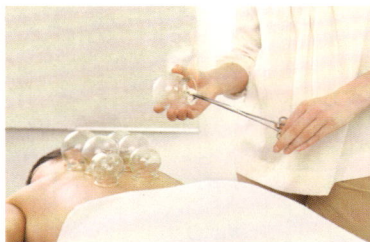
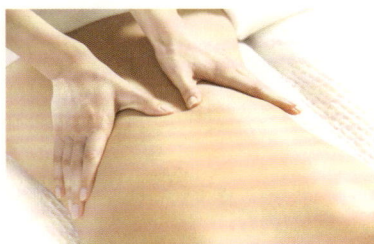
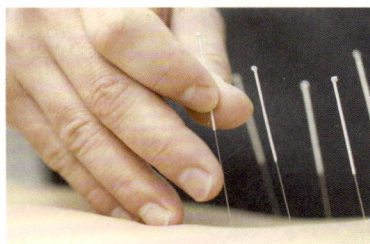

1. 你知道图片中的这些治疗方法分别叫什么吗？

2. 你或者你身边的人有没有试过中医的治疗？你觉得中医对哪些身体问题比较有用？

开心词典

段[1]	duàn	量词

例：这段课文　说一段话
6 月到 8 月这段时间我们不忙。

迷[2]	mí	动词

例：她现在迷上足球了。//以前我很迷 M. J.，买了很多他的 CD。

果然[3]	guǒrán	副词

例：她们果然是姐妹。
昨天下午奶奶说今天会下大雨，现在果然下雨了。

连续[4]	liánxù	动词

例：连续六天　连续工作
大雨连续下了六天。//小明连续吃了六个包子。

有效[5]	yǒuxiào	动词

例：有效措施　对治疗牙疼很有效
这种药对感冒很有效。

胃口[6]	wèikǒu	名词

例：没胃口　胃口不好
小明真有胃口。

容易[7]	róngyì	形容词

例：容易学　觉得容易
说起来容易做起来很难。

愿意[8]	yuànyì	助动词

例：愿意学　愿不愿意
你愿意和我一起去学吉他吗？

拔[9]	bá	动词

例：拔牙　拔河　拔火罐　拔出来　拔不下来　用力拔

稍[10]　　　　shāo　　　　　　　副词

　　　例：请您稍等，包子马上就好。//再稍长一点儿就更好看了。

通知[11]　　　tōngzhī　　　　　动词、名词

　　　例：通知大家开会　紧急通知
　　　　　请班长通知大家明天不上课。

怕[12]　　　　pà　　　　　　　　动词

　　　例：小明没写作业，怕见老师。//我怕老鼠，不怕老虎。

煮[13]　　　　zhǔ　　　　　　　动词

　　　例：煮面条　煮开水　煮饭　多煮一会儿

泡[14]　　　　pào　　　　　　　动词

　　　例：泡茶　泡方便面　泡澡　泡网吧
　　　　　他每天到办公室都要先泡一杯茶。

汉字乐园

膊：bó

含有"月"字旁的字往往与身体有关，例如"肩膀、背、腿、脚、肚（子）、胳膊"等。

但"月"字旁在右边的，例如"期、朝"，"月"是指月亮，引申为时间。

效：xiào

含有"攵"（支）的字与打、敲、击等手的动作有关，例如"放、收、改、教、救"。"攵"有时也写作"支"，例如"敲"。"交"是告诉我们"效"的读音，含有"交"的汉字读音相同或相近，例如"校、胶、郊、较、饺、咬"。

神：shén

"礻"是"示"字，含有"示"的汉字一般与神（包括对神的崇拜活动和心理）有关，例如"祈、祥、祝、祖、福"。要注意"礻"和"衤"不同，含有"衤"的汉字与衣物有关。

主课文

丽珍看 中医 (zhōng yī)

★一……就……
一看见她就开心。
一听就懂了。
★疼得厉害：很疼。

丽珍最近总觉得脖子(bó·zi)不舒服，一动就痛，肩膀(jiānbǎng)也疼得厉害。我建议她去看看中医。正好，我舅舅就是一名中医，于是，上周末我陪丽珍去舅舅那儿看病了。

舅舅检查后问丽珍，最近她是不是坐的时间很长，而且很少运动？丽珍点了点头(diǎn//tóu)。前段[1]时间她迷[2]上了一部电视剧，白天和晚上都坐在电脑前看。舅舅告诉丽珍，她的病是因为脖子和肩膀太疲劳(pí láo)了，最好做做针灸治疗(zhēn jiǔ zhìliáo)。

★最好
明天你最好早点来。
最好自己去看看。
★形容词/表示心情、感受的动词＋多了
好多了　漂亮多了
高兴多了　紧张多了

做了针灸后，丽珍果然[3]感觉舒服多了。她连续[4]治疗了三天，脖子、肩膀都不疼了。她觉得中医真神奇(shén qí)！舅舅建议她平时要多锻炼，不要长时间坐在电脑前或者低头(dī//tóu)看手机。

★想一想："后来"和"以后"有什么不一样？

丽珍后来(hòu lái)跟我说，她没想到中医这么有效[5]，她打算学好汉语后，去学学中医。

会话 1

做按摩

（王家贝最近觉得身体不舒服，王佳丽约他去一家按摩院按摩）

按摩师：您哪里不舒服？

王家贝：最近总是没精神，吃东西也没胃口[6]。

按摩师：睡眠怎么样？

王家贝：总是想睡觉，不过很容易[7]醒。

按摩师：明白了，我给您做一个全身放松按摩，您要是愿意[8]，还可以拔[9]一下火罐。

王家贝：按摩对睡眠有效吗？要多长时间？

按摩师：按摩一个小时，拔罐十几分钟就可以了。做了按摩保证您今晚睡个好觉。

王家贝：那拔火罐有危险吗？

按摩师：您放心吧，我做了十几年，还没发生过事故。

王佳丽：医生，我也想放松一下。你们这里有女按摩师吗？

按摩师：有，您到隔壁房间稍[10]等一下，我让服务台通知[11]医师。她是一位盲人按摩师，是我们这里技术最好的。

会话 2

看中医一定要吃中药吗

（孙克在操场上遇到王佳丽）

孙　　克：佳——丽！（阿——阿嚏！）
ā tì

王佳丽：孙克，怎么了？感冒了？

孙　　克：可不是！不停地流鼻涕，头疼得厉害。
bí tì

王佳丽：吃药没？

孙　　克：吃了一堆药，可是一点儿也没用。

王佳丽：那你不如去看看中医吧。

孙　　克：我才不去呢。我怕[12]吃中药，太苦了。

王佳丽：看中医不一定得吃中药。再说，现在很多都是中成药，没那么苦。
chéngyào

孙　　克：不用吃药也能治好病？

王佳丽：你不信？告诉你，上次我感冒，就用舅舅给的药煮[13]了一大桶热水泡[14]脚。
tǒng

孙　　克：泡脚也能治感冒？

王佳丽：真的，我只泡了几天，感冒就完全好了，而且泡完脚睡觉特别香，我保证你会喜欢的。

孙　　克：这样啊，那我也去看看中医。

能说会用

功能 1：承诺

1. 我明天一定带来，不会忘的。

2. 爸爸答应你的一定会做。

3. 泡完脚睡觉特别香，我保证你会喜欢的。

4. 你放心，包你满意。

5. 别担心，我会一直陪着你。

6. 我既然答应你了，就一定会去的。

☞练一练：

说一说怎样向对方保证。

1. 假如你是酒店服务员，一位客人在电话里订吃饭的位子，你会怎么说？

客人：您好，我想订位。5 个人。

服务员：您好。是今天晚上吗？

客人：对，晚上 6 点，有位子吗？

服务员：＿＿＿＿＿＿＿＿＿＿＿＿＿＿＿＿＿。

2. 爱乐常迟到，今天又迟到了，老师很生气，爱乐应该怎样对老师说？

老师：爱乐，你又迟到了。

爱乐：老师，对不起。

老师：你这个学期天天迟到啊，这样很不好！

爱乐：＿＿＿＿＿＿＿＿＿＿＿＿＿＿＿＿＿。

3. 张小米的朋友邀请小米下个周末去参加他的婚礼，小米答应了他。

朋友：小米，下周末我要结婚，你一定要来参加我的婚礼啊。

小张：＿＿＿＿＿＿＿＿＿＿＿＿＿＿＿＿＿。

功能 2：劝告

1. 那你不如去看看中医吧。

2. 少说几句吧，别生他的气。

3. 买东西不一定要买最贵的。

4. 喝了酒千万不要开车，一定要注意安全。

5. 你最好别这样做，还是想想别的办法吧。

6. 我看你还是买台新的电脑吧。

☞练一练：

1. 下面四句话分别是哪种功能常用的？请写在同一类句子下面。

（1）我劝你最好去医院看看，别自己吃药了。

（2）这件事我一定替你办到。

（3）别哭了。

（4）我向你保证，一定把这件事办成。

2. 你最近常常觉得累，朋友带你到一家中医保健馆，你会选择哪种保健？要介绍自己的情况，告诉医生你担心的问题和你的要求。

两人一组，另一位扮演中医师，要了解病人的情况，回答病人的问题。

你知道吗

中医保健

中医很重视在人们生病以前就进行"治疗"，也有很多的方法，比如针灸、按摩、用中药泡脚等。当人们没有生病，但是觉得不太舒服的时候，可以用中医的一些方法让自己更健康，不需要等到真的生病的时候才打针、吃药。

在你现在住的城市，你有没有注意过中医保健的地方呢？有的可能是小小的一家沐足店或者盲人按摩店，有的可能是比较大的中医保健馆。一些大医院里也有专门的中医保健医生，在那里保健当然更安全、更放心。

经典诵读

Dōng chī luó·bo xià chī jiāng bù yòng yī shēng kāi yào fāng
冬 吃 萝 卜 夏 吃 姜，不 用 医 生 开 药 方。

练习

一、写出有下列部件的字

大＿＿＿ ＿＿＿ ＿＿＿ 头＿＿＿ ＿＿＿ ＿＿＿

夂＿＿＿ ＿＿＿ ＿＿＿ 勹＿＿＿ ＿＿＿ ＿＿＿

二、连一连，读一读

神 口　　　连续 胃病
有 奇　　　治疗 黑
精 神　　　愿意 饺子
胃 劳　　　煮 试一下
低 效　　　怕 下了三天大雨
疲 险
危 头

三、找出各组中不同的一个

1. 针灸 按摩 泡脚 打针
2. 精神 胃口 火罐 危险
3. 疲劳 漂亮 神奇 容易
4. 点头 稍 通知 煮
5. 过 然 通 迷

四、读课文，找一找

1. 写出课文和对话中表示身体问题的词语、句子。

＿＿＿＿＿＿＿＿＿＿＿＿＿＿＿＿＿＿＿＿＿

＿＿＿＿＿＿＿＿＿＿＿＿＿＿＿＿＿＿＿＿＿

＿＿＿＿＿＿＿＿＿＿＿＿＿＿＿＿＿＿＿＿＿

_____

_____

2. 写出课文和对话中提到的治疗方法。

_____

_____

_____

_____

五、选词填空

迷　果然　有效　怕　稍　连续　容易　愿意

1. 最近工作很忙，已经（　　　　）两个周末没有休息了。

2. 大家都同意去爬山，只有一位同学不（　　　　）。

3. 认识了几位广东朋友以后，学广东话变得很（　　　　）。

4. 现在4点半了，我们快回去吧。我（　　　　）等一会儿路上会很多车。

5. 我觉得好像见过她，于是过去和她聊天，（　　　　）是小学的同学。

6. 我最近（　　　　）上了慢跑，每天下午都要跑1个小时。

7. 有时候运动锻炼比吃药更（　　　　）。

8. 请（　　　　）等，我帮你问问。

六、想一想下面的情景，怎么用"动词＋一下"来回答

1. 假如你是秘书，经理正在会议室开会。这时有人来电话找经理，你怎么回答？

2. 如果你在买衣服时看中了一套衣服，但不知穿上合不合适，你会怎么对服务员说？

3. 老师请你来说一说你的爱好，但你还没想好，这时你会怎么对老师说？

七、看图，用"……没……"句式写句子

例：<u>妹妹没（有）哥哥高。</u>

1. _____

昨天	今天
1 月 28 日	1 月 29 日
气温：	气温：
13℃	10℃

2. _____

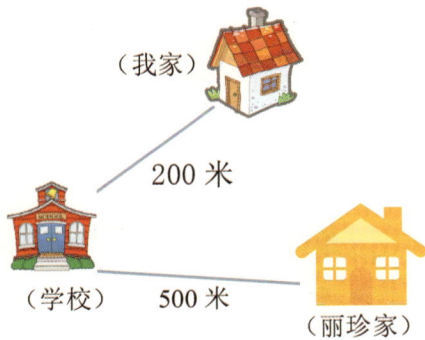

3. _____

八、根据所给的句子，用括号里的语法结构改写句子

1. 8 点开始玩手机，11 点了还在玩手机。（时量短语）
2. 下午 4 点开始打球，5 点半结束。（时量短语）
3. 我们 6 点半到饭店，7 点半离开饭店。（时量短语）
4. 28 岁开始做医生，今年 48 岁了。（时量短语）

九、把词语放在合适的位置

1. 最近 A 脖子 B 不舒服，C 低头就 D 疼。（一）
2. 每天低着头看手机，A 一 B 看 C 是 D 半天。（就）
3. 没想到 A 中医 B 这么快 C 可以 D 治好病。（就）
4. 外面那么热，我 A 不去 B 逛街 C 呢。（才）
5. A 他这个人 B 说的话 C 我 D 不信呢！（才）
6. 她最爱玩，A 不 B 愿意 C 一个人 D 待在家里呢！（才）
7. 听了一会儿，可是 A 一句话 B 听 C 不 D 懂。（也）
8. 等了 A 十多分钟，B 一辆的士 C 没 D 看到。（也）

十、根据上下文填空

　　孙克感_____了，不停地_____鼻涕，头疼得厉_____。吃了一大堆_____，可是一点儿也没_____。佳丽告诉他不如去看看中医，可是孙克_____吃中药。其实看中医不一定得吃中药，而且现在很多都是中_____药，没那么苦了。

　　家贝最近也不舒服，_____是想睡觉，不过很容易_____。佳丽约他去按摩。按摩师给他做了一个全身放_____按摩，还给他_____了火罐。回到家，家贝还没吃饭就睡着了，早上醒来才_____起来作业没做！

第三单元

第七课

运动运动更健康

课前热身

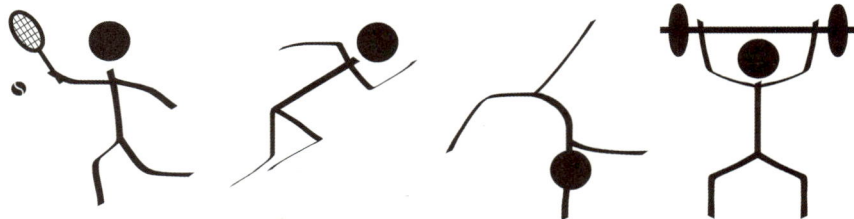

1. 你能说出图片上这些运动的名称吗？在你们国家哪些运动比较流行？
2. 你常常运动吗？你觉得运动有哪些好处？

开心词典

场[1]　　chǎng　　　　　量词

例：一场球赛　看了一场电影

小姐，我想请你跳场舞，好吗？

昨天我们跟三班踢了两场球。

保持[2]　bǎochí　　　　动词

例：保持身材　保持身体健康　保持联系

交[3]　　jiāo　　　　　动词

例：来中国以后，我交了很多新朋友。

锻炼[4]　duànliàn　　　动词

例：锻炼身体　经常锻炼

每天下午我都去操场锻炼一个小时。

熟悉[5]　　　shú·xi　　　　　动词

例：很熟悉　不熟悉

这个人我们都不太熟悉。//我刚来，对这里还不熟悉。

待[6]　　　dāi　　　　　动词

例：待在家里　再待一会儿　待了半个小时

我妈妈要在广州待三天。

轮流[7]　　　lúnliú　　　　　动词

例：轮流发言　轮流请客

我们宿舍有三个人，每个星期轮流打扫房间。

采访[8]　　　cǎifǎng　　　　　动词

例：采访名人　街头采访

我曾采访过姚明。

超级[9]　　　chāojí　　　　　形容词

例：超级明星　超级市场　超级喜欢

汉字乐园

汉字中有很多形声字，也就是一边表示发音，另一边表示意思的汉字类型。

锻：duàn　　　→锻→锻→锻

左边表示意思，右边“段”表音。本义是把金属加热以后锤打，可以说“锻铁”。

炼：liàn　　　→煉→煉→炼

“火”表意。“锻炼”本义是通过火烧等办法制造出想要的东西，现在多比喻通过战胜困难来提高人的能力。这个字常与“练”弄混。“练”的左边是"纟"，以前写作 ，是丝的意思。"练"原来是指晚上把丝放在水里泡，白天放在阳光下晒，像这样七天七夜，才能做出好的丝布来。所以"练"常用来指反复做。因此"练习"是"练"不是"炼"。

主课文

你喜欢什么运动

今天上课，杨老师让同学们说说自己喜欢的运动。

刘大伟说自己最喜欢踢足球。他觉得踢足球运动量(yùn dòng liàng)大，很适合男生。踢一场[1]球，出一身汗，再洗个热水澡，舒服极了。

罗志龙说不是所有的男生都喜欢踢足球，他自己就不喜欢。他喜欢打羽毛球。打羽毛球不仅可以锻炼身体，还能保持[2]身材(shēn cái)，而且在中国打羽毛球的人很多，容易交[3]到中国朋友。

孙克却觉得打网球(wǎng qiú)更好，因为打网球时跑动更多，出的汗(hàn)更多，而且学校里就有很好的场地(chǎng dì)。

女生也有喜欢运动的，不过，一部分女生说她们觉得最有意思的运动是逛街(jiē)，而且"运动"一天都不觉得累。

大家你一句(jù)，我一句，说得很热闹。最后，杨老师说，喜欢什么运动都好，只要(zhǐ yào)常常锻炼[4]，就会有一个健康(jiàn kāng)的身体。

★ ~量

流量　词汇量　饭量
点击量

★ 找一找第二、三段里的动词。

★ 不是所有的……都……

不是所有的狗都可爱。

★ 你知道中国人参加最多的是什么运动吗?

★ 只要……就……

只要喜欢，就会学好。
只要他去，我就不去。

会话 1

一起去打球吧

阿　　乐：家贝，去哪儿啊？

王家贝：我和姐姐约好 5 点钟一起打球，就在学校体育馆。

阿　　乐：打羽毛球吗？

王家贝：不，是乒乓球。

阿　　乐：我只知道你羽毛球很厉害，没想到你还会打乒乓球。

王家贝：我的羽毛球算不上厉害，一般吧，只是从小就打，比较熟悉[5]
bà·le
罢了。乒乓球是来到这里才学的，刚开始练习。

阿　　乐：乒乓球又小又圆，看起来很难打。

王家贝：其实不难。我学了两三次，觉得很有意思。

阿　　乐：你真有运动天分（tiānfèn）。我最怕打球，总是在捡球（jiǎn）。

王家贝：哈哈，你运动太少了，不要总是待[6]在宿舍，跟我一起去打
球吧。

阿　　乐：好吧，可我还没球拍。

王家贝：没事儿，我们可以轮流[7]打，运动一会儿，休息一会儿。

阿　　乐：好。

会话 2

体育明星

（在舅舅家）

舅　　舅：家贝，快来看，他们在采访[8]姚明（YáoMíng）。

王佳丽：家贝出去运动了。这个人好高啊，他是谁啊？

舅　舅：姚明你都不知道？以前他是 NBA 里的"中国小巨人 [jù rén]"，是我那时候最喜欢的篮球明星。

王佳丽：看来您是他的超级[9]粉丝啊。

舅　舅：那当然。他不但球打得好，而且很有思想 [sī xiǎng]，有爱心 [ài xīn]。

王佳丽：您这么喜欢姚明，怎么很少看到您打篮球啊？

舅　舅：我只是喜欢看别人打球，不喜欢自己打。

王佳丽：哈哈，您真有意思。

舅　舅：你呢，你喜欢什么运动？

王佳丽：打羽毛球。

舅　舅：那你喜欢哪个羽毛球明星？

王佳丽：我喜欢林丹 [Lín Dān]，但算不上粉丝。舅舅，我跟您不一样，我喜欢运动，不喜欢看别人运动，哈哈！

能说会用

功能 1：赞赏

1. 你羽毛球好厉害！我们都比不过你。
2. 你真有运动天分。
3. 哇，你的字真漂亮！
4. 这是我吃过的最好吃的点心！
5. 你真有两下子，会做这么多菜！

功能 2：谦虚

1. 我的羽毛球算不上厉害，一般吧，只是从小就打，比较熟悉罢了。
2. 哪里哪里，您这样说我太不好意思了。
3. A：才学两个月就画得这么好，你太厉害了！

　　B：哪里哪里，是老师教得好。

4．A：如果没有你，这次我们得不了第一。

　　B：别这么说，这是大家一起努力的结果。

功能 3：建议

1．你还是和家人商量商量再决定吧。

2．这家店的东西太贵了，我们去别的店看看吧。

3．这样吧，我们先休息一会儿，再比赛。

4．星期六早上怎么样？

5．你看这样行不行／好不好？我们先付一半的钱，等收到货再付一半。

☞练一练：

1．下面四句话分别是哪种功能常用的？请写在同一类句子下面。

（1）不要总是待在宿舍，跟我一起去打球吧。

（2）哪里哪里，我还要多练习！

（3）他不但球打得好，而且很有思想，有爱心。

（4）她又聪明又漂亮。

　　2．请分别使用表示"建议""赞赏"和"谦虚"的语言功能项目，完成以下练习。

　　你很喜欢……（一种运动），可是你的朋友不太喜欢运动。今天你很想让他／她和你一起去运动，你试一试邀请他／她吧。

你知道吗

jiàn·zi
踢毽子

　　踢毽子这项运动在中国已经有两千多年的历史了，明代（Ming Dynasty，1368—1644）还有正式的踢毽子比赛呢。

　　平时人们踢的毽子，可以分为大毽、中毽、花毽和毽球毽。如果刚开始学习，用大毽比较合适；中毽用得最多，既可用于游戏，也可用于比赛。现在中国的毽子比赛中，都是使用中毽；花毽看起来最漂亮；毽球毽最快，比较短小，一般只在毽球比赛中使用。

　　毽子可以一个人踢，也可以几个人一起玩儿，既可以在室外踢，也可以在室内踢，男女老少都喜欢。有人说踢毽子比踢足球还巧妙，比下棋还有趣。

经典诵读

Guò ér bù gǎi   shì wèi guò yǐ
过 而 不 改，是 谓 过 矣。

——《论语·卫灵公》

练习

一、写出有下列部件的字

寺＿＿＿　＿＿＿　＿＿＿　　　钅＿＿＿　＿＿＿　＿＿＿

心＿＿＿　＿＿＿　＿＿＿　　　方＿＿＿　＿＿＿　＿＿＿

二、组词语

场＿＿＿＿　＿＿＿＿　＿＿＿＿

访＿＿＿＿　＿＿＿＿　＿＿＿＿

超_____　　_____　　_____

球_____　　_____　　_____

三、把下面的词语分成 2~4 组，并说明理由

适合　网球　足球　跑步　羽毛球　出汗　锻炼　踢　打　逛　热闹

_____

_____

_____

_____

四、连一连，读一读

锻炼	朋友	轮流	安静
采访	身材	保持	钱包
交到	身体	捡到	一身汗
保持	明星	出了	表演

五、选词填空

容易　汗　天分　让　场地　熟悉　交

1. 学好一门外语不是件（　　　　　）的事，最好有一位说这种语言的
朋友。

2. 天气很热，出去走了五分钟就全身是（　　　　　）。

3. 我们想练习舞蹈，你们宿舍楼那里有没有合适的（　　　　　）？

4. 她很喜欢笑，很爱（　　　　　）朋友。

5. 你别急，先（　　　　　）思汉把话说完好吗？

6. 他住在校外，一下课就回家，我对他不是很（　　　　　）。

7. 学习音乐要努力，可是要学得特别好还需要（　　　　　）。

六、看图，用"……算不上……，可是（但）……"句式写句子

（不太大）

例：<u>我现在的房间算不上大，可是我很喜欢。</u>

（不太漂亮）

1. _____

（不太整齐）

2. _____

（不太干净）

3. _____

（不太贵）

4. _____

七、请用"罢了"完成对话

1. A：听说你的英文歌唱得特别好。

B：哪里哪里，_____。

2．A：气死我了，他怎么可以开这样的玩笑！

　　B：别生气了，_____。

3．A：你和爱丽一起学习一年了，你了解她吗？

　　B：不了解，_____。

八、离合词练习

1．把括号里的词语放到句中恰当的位置。

（1）这几天都很热，我每天下午都要游泳。（一个小时）

（2）王老师今天下午要去医院看病，所以她想请假。（半天）

（3）感谢你们这次帮忙。（我的）

（4）别生气，他还是一个小孩子。（只）

（5）你还认得我吗？我们已经见面了。（过）

（6）爷爷的身体不太好，光今年就已经住了院。（三次）

2．照例子，写一写。

例：帮忙→ 帮帮忙

见面→ _____　　　　　　　洗澡→ _____

跑步→ _____　　　　　　　打球→ _____

九、照例子仿写

例：他喜欢打羽毛球。打羽毛球不仅可以锻炼身体，还能保持身材，而且在中国打羽毛球的人很多，容易交到中国朋友。

　　仿写：_____喜欢_____。_____不仅可以_____，还能_____，而且_____。

例：孙克觉得打网球更好，因为打网球时跑动更多，出的汗更多，而且学校里就有很好的场地。

　　仿写：_____觉得_____更好，因为_____，_____更_____，而且_____。

十、语言实践

问一问班上同学喜欢什么运动，为什么喜欢。然后把你调查的结果记录下来，在班上介绍一下。

姓名	喜欢的运动	喜欢的原因

第八课

琴棋书画

1. 从小到大，你的爱好有什么变化？
2. 琴棋书画指的是什么？你对哪一种比较了解？

开心词典

好奇[1]　　　hàoqí　　　　　　形容词

　　例：感到好奇　好奇的眼睛　好奇地看着

小孩子对很多东西都很好奇。

围² wéi 动词

例：围起来 围上去 围成一个圆 围在一起
大楼正在装修，围起来了。

曾经³ céngjīng 副词

例：小时候曾经很想当明星。//我们曾经是最好的朋友。

紧⁴ jǐn 形容词

例：这鞋子太紧了，有大的吗？//门关得紧紧的。
他们公司打了一个又一个电话，要得很紧。

盯⁵ dīng 动词

例：紧盯着 盯住她
不要总盯着我。

输⁶ shū 动词

例：比赛输了 1：3输了 输了一局
每次和弟弟比赛吃饺子，我都输。

【反】赢 yíng

遍⁷ biàn 量词

例：看一遍 读一遍 听一遍 再说一遍 一遍又一遍

崇拜⁸ chóngbài 动词

例：他是一个英雄，大家都很崇拜他。

感⁹ gǎn 动词

例：不感兴趣
你对什么更感兴趣？

兴趣¹⁰ xìngqù 名词

例：感兴趣 有兴趣 没兴趣 兴趣不大
我喜欢吃，但是对做饭没兴趣。

懂¹¹ dǒng 动词

例：懂了吗 听不懂 懂不懂
我没听懂，你可以再说一遍吗？

了解[12]　　　liǎojiě　　　　　动词

　　例：我只见过他两次，还不了解他。

　　　　她学过音乐，对这首曲子非常了解。

替[13]　　　　tì　　　　　　　　动词

　　例：学习是自己的事，没人能替你。

　　　　你出国不在家的这半年，我可以替你照顾小猫。

欣赏[14]　　　xīnshǎng　　　　动词

　　例：欣赏音乐　慢慢欣赏　欣赏美景

　　　　我知道这是一幅很有名的画，可是我真的不会欣赏。

充满[15]　　　chōngmǎn　　　　动词

　　例：谁在教室里吃包子了？教室里充满了包子味。

　　　　这首歌充满了对家人的思念，我一听就想哭。

观察[16]　　　guānchá　　　　　动词

　　例：细心观察　观察观察

　　　　如果你想做画家，就要多观察这个世界。

摔[17]　　　　shuāi　　　　　　动词

　　例：摔成两半　摔在地上　摔坏了

　　　　下了雨路很滑，小心摔倒。

受伤[18]　　　shòu//shāng　　　动词

　　例：她骑车摔倒了，腿受伤了。

　　　　他踢足球的时候不小心受伤了。

　　　　他被车撞了，受了重伤。

汉字乐园

欣：xīn

右边"欠"早期写作 ，意思是人张嘴的样子。所以许多有"欠"字偏旁的字都跟"人张嘴"有关，例如"歌、吹、歉"。

幅：fú

形声字，"巾"表意，样子像一块布，表示整个字和布料、纺织品有关。"畐"（fú）表音，如"福、副"都读 fu。"幅"是常用的量词，用于布帛、图画等，比如一幅画、五幅布。

尘：chén

这个字我们也可以从它的构成知道意思，"尘"就是"小""土"，也就是灰尘。

主课文

★ 你知道一副围棋有多少棋子吗？

★ 一 + 动词，原来……

打开门一看，原来是个小朋友。

找到字典一查，原来真的有这个字。

★ 盘：这里是量词。

★ 一开始：刚开始的时候。

★ 光：只。

★ 招：招儿，好办法。

★ 好：便于，让后边的事更方便。

把场地打扫干净好打球。

请写下电话号码，我们好联系你。

下围棋 (wéi qí)

课间(kè jiān)休息时，周老师拿出一个棋盘(qí pán)和两个盒子(hé·zi)来，盒子里装着黑色和白色的棋子(qí zǐ)。同学们好奇[1]地围[2]上去，我走近一看，原来是围棋。

周老师问我："丽珍，听说你学过下棋，是吗？想不想下一盘？"我小时候曾经[3]跟爷爷学过一点，于是高兴地答应了。

一开始，我紧[4]盯[5]着周老师的手。他把棋子放哪里，我就马上跟着放在旁边。我想，我跟着你的棋子走，看你怎么围住我。没想到，不一会儿，我就输[6]了。

周老师笑着说："丽珍，下棋不能光跟着别人走，也要有自己的打算。"我说："周老师，不如您再教我几招(zhāo)吧，等我回国后好跟爷爷比一比。"

会话 1

先学书画吧

（在宿舍）

王佳丽：丽珍，你听外面是什么音乐？真好听！

林丽珍：这是中国古典（gǔ diǎn）音乐《春江花月夜（Chūnjiānghuāyuè yè）》。

王佳丽：你怎么知道的？

林丽珍：这首曲子（shǒu qǔ·zi）我听过很多遍[7]了。

王佳丽：你真行啊！对了（duì·le），我看到一个中国书画学习班的通知，我很想报名。你去不去？

林丽珍：好呀。我爸爸妈妈早就希望我在中国学会琴（qín）棋书画了。

王佳丽：琴棋书画？第一次听说，是什么啊？

林丽珍：古琴、围棋、书法、中国画。

王佳丽：你连这个都知道，太厉害了。我都开始崇拜[8]你了。

林丽珍：我对艺术比较感[9]兴趣[10]，特别喜欢画画、弹（tán）琴。听爸爸说，在中国古代，琴棋书画都是有文化的人必须懂[11]的。

王佳丽：这么说，如果不学一下都有点不好意思了。

林丽珍：咱们一起学吧。

王佳丽：好，我们先学中国书画，以后再学习琴和棋。

会话 2

上书画课

林丽珍：老师好！我们是来上中国书画班的。

老　师：好的，你们在这张 表(biǎo) 上写上姓名、班级。

王佳丽：老师，我对中国书画一点儿也不 了解[12]。

老　师：没关系，慢慢来。每位同学都需要准备毛笔、墨水(mòshuǐ) 和 宣纸(xuān zhǐ)。
　　　　你们可以自己去买，也可以请班长 替[13]大家买。下次上课要用。

王佳丽：好的，老师。

老　师：你们先找个 位子(wèi·zi) 坐下，马上开始上课了。

（上课铃响了……）

老　师：同学们，今天我们先来 欣赏[14]几 幅(fú)中国书画作品。第一幅是徐(Xú)
　　　　悲鸿(Bēihóng) 先生的《奔马图(Bēnmǎ tú)》。大家看一看，说一说有什么感觉。

同学们：真漂亮！

林丽珍：这匹马好像要从画里跑出来似的。

王佳丽：它 充满[15]了力量。

老　师：你们说得很好。画家要画好一幅画很不容易。徐悲鸿为了 观
　　　　察[16]马跑的 样子(yàng·zi)，常常跟着马车跑。有一次，他 摔[17]得满身
　　　　尘土(chén tǔ)，手、脚、脸都 受伤[18]了。

老　师：大家再来看齐 白石(Qí Báishí) 先生的《虾(Xiā)》。

同学们：像真的一样！老师，再给我们讲一些大书画家的故事吧。我们
　　　　喜欢听故事。

老　师：好。现在就讲一个齐白石"不教一日闲过"的故事。

能说会用

☞练一练：

下面四句话分别是哪种功能常用的？请写在同一类句子下面。

1. 我听说了，真没想到。

2. 我对中国书画一点儿也不了解。

3. 就是，我也这么想。

4. 没问题，周六我们都有时间。

功能 1：知道/不知道

1. 这首曲子我听过很多遍了。

2. 那天我也在，听到她是这样说的。

3. 他们是姐弟？我没看出来。

4. 我没见过他，不知道是什么人。

5. 据我所知，这是最近的路了。

☞练一练：

请使用上面的语言功能项目，完成以下对话。

1. A：丽丽，王老师要结婚了，你听说了吗？

　 B：＿＿＿＿＿＿＿＿＿＿＿＿＿＿＿＿＿＿＿＿＿＿＿＿

2. A：爱乐会唱汉语歌，真的吗？

　 B：＿＿＿＿＿＿＿＿＿＿＿＿＿＿＿＿＿＿＿＿＿＿＿＿

3. A：爸爸，你觉得妈妈会喜欢我送的钱包吗？

　 B：＿＿＿＿＿＿＿＿＿＿＿＿＿＿＿＿＿＿＿＿＿＿＿＿

功能 2：赞成

1. A：我们报名学画画吧。

　 B：好呀。我早就打算学一下琴棋书画了。

2. A：你看放在这儿怎么样？

  B：好，就放这儿吧。

3. A：这里人太多了，我们还是换个地方说话吧。

  B：就是，我们走吧。

4. A：这件衣服样式很好，可是颜色不适合你。

  B：说得对，我也这么想。

5. 那当然好，我和你一起去。

☞练一练：

请使用上面的语言功能项目，完成以下对话。

1. A：我们每人做一个菜，拿到你住的地方一起吃怎么样？

  B：＿＿＿＿＿＿＿＿＿＿＿＿＿＿＿＿＿＿＿＿

2. A：已经 12 点了，我们先休息一下，吃午饭，下午 2 点再过来怎么样？

  B：＿＿＿＿＿＿＿＿＿＿＿＿＿＿＿＿＿＿＿＿

3. A：听说每个星期六晚上，学校有人教太极拳，我们也去学吧。

  B：＿＿＿＿＿＿＿＿＿＿＿＿＿＿＿＿＿＿＿＿

 你知道吗

琴棋书画

在古代中国，弹琴（多指古琴）、下棋（多指围棋）、书法、绘画，是读书人和一些大户人家的女孩子必须学习的技能，叫作"琴棋书画"或者"文人四友"。现在人们也常常用这四种技能表示个人的文化素养。

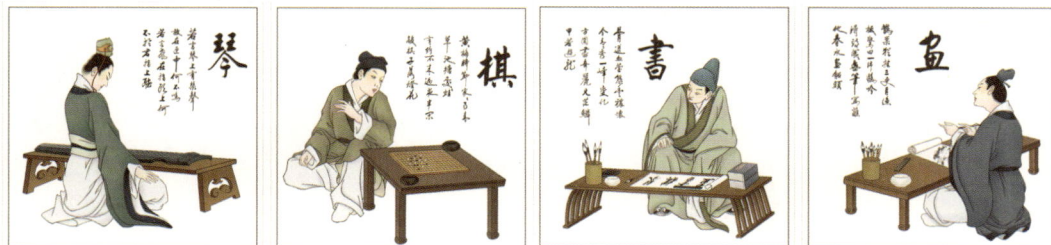

"琴"多指古琴,"棋"多指围棋,"书"指书法,"画"指中国画,书和画最常使用的是毛笔,也有人用手指作画的。

琴棋书画是一种美好的生活方式,是具有东方特色的文化。

经典诵读

Yuǎn kàn shān yǒu sè　　jìn tīng shuǐ wú shēng

远 看 山 有 色, 近 听 水 无 声。

Chūn qù huā hái zài　　rén lái niǎo bù jīng

春 去 花 还 在, 人 来 鸟 不 惊。

——唐·王维《画》

练习

一、写出有下列部件的字

其____ ____ ____ ____ 　　皿____ ____ ____ ____

口____ ____ ____ ____ 　　走____ ____ ____ ____

二、组词语

课_____ _____ _____

棋_____ _____ _____

经_____ _____ _____

位_____ _____ _____

三、选词填空

替　好奇　曾经　输　崇拜　观察　欣赏　懂　充满

1. 她很喜欢（　　　）星星和云，画了很多天空的画。
2. 我（　　　）爱过一个男孩，分手以后再也没有见过。
3. 王老师不舒服，今天的课我（　　　）她上。
4. 你不是听不（　　　），你是没有听。
5. 听说她一个星期就学会了吉他，我很（　　　）她是怎么做到的。
6. 虽然我不知道怎么（　　　）画，可我真的非常喜欢这幅画。
7. 这次比赛，我们学校1：3（　　　）给了他们学校。
8. 第一次出国，家人都到机场送我，我没有回头，因为我的眼里（　　　）泪水 lèi shuǐ 。
9. 小时候，我最（　　　）超人，家里有很多超人的画和照片。

四、连一连，读一读

弹　欣赏　崇拜　充满　围　摔　感

兴趣　力量　明星　下来　古琴　音乐　上来

五、看图，用所给的词语写句子

（围棋）

1. _____

（好奇）

2. _____

（观察）

3. _____

（古典）

4. _____

（欣赏）

5. _____

六、完成对话

1. A：你来中国多长时间了？

　　B：快五年了。

　　A：_____。（这么说）

2. A：我最喜欢吃辣的了，没有辣的我就吃不下。

　　B：_____。（这么说）

3. A：这部电影我看过三遍！

　　B：_____。（这么说）

4．A：医生，这药苦吗？

　　B：你放心，＿＿＿＿＿＿＿＿＿＿＿＿＿＿＿＿＿＿。（一点儿也）

5．A：你在中国待了一年，学会书法了吧？

　　B：不好意思，＿＿＿＿＿＿＿＿＿＿＿＿＿＿＿＿。（一点儿也）

七、连词成句

1．不　做　好　要　一个　容易　班长

＿＿＿＿＿＿＿＿＿＿＿＿＿＿＿＿＿＿＿＿＿＿

2．他　手　脚　都　了　摔得　受伤

＿＿＿＿＿＿＿＿＿＿＿＿＿＿＿＿＿＿＿＿＿＿

3．给　我们　讲　一些　中国　古代　老师　的　故事

＿＿＿＿＿＿＿＿＿＿＿＿＿＿＿＿＿＿＿＿＿＿

4．一首　大家　先　中文　欣赏　请　歌曲

＿＿＿＿＿＿＿＿＿＿＿＿＿＿＿＿＿＿＿＿＿＿

5．报名表　上　请　在　姓名　班级　写上

＿＿＿＿＿＿＿＿＿＿＿＿＿＿＿＿＿＿＿＿＿＿

6．一点儿　这些　不　地方　我　对　也　了解

＿＿＿＿＿＿＿＿＿＿＿＿＿＿＿＿＿＿＿＿＿＿

八、根据上下文填空

　　从小，我就常常听爸爸说，懂琴棋书画的人才是有文＿＿＿＿＿的人。我自己也对它们很感＿＿＿＿＿趣。常常听古＿＿＿＿＿音乐，还曾＿＿＿＿跟爷爷学过一点围棋，但是很久没下了。今天＿＿＿＿＿间休息的时候，周老师要和我下棋，同学们都＿＿＿＿＿过来看。虽然才几分钟我就＿＿＿＿＿了，可是很开心，因为周老师教了我几招下棋的办法，回国后我要和爷爷比一比。

　　今天我还和佳丽一起上了一次中国书画课。老师让我们＿＿＿＿＿赏了几＿＿＿＿＿中国名画，我最喜欢齐白石的画，一定要好好学一学。

九、请根据课文、会话和你自己掌握的知识回答下面的问题

1. 丽珍和周老师下棋的时候，用了什么方法？

2. 丽珍怎么学的下棋？

3.《春江花月夜》是一首什么样的歌曲？

4. 佳丽对琴棋书画了解多少？

5. 学习中国书画要准备些什么？

6. 徐悲鸿画马为什么画得那么好？

十、语言实践

采访三位同学或者朋友，了解他们有什么爱好，在哪些方面了解得最多。

姓名	爱好	怎么开始的	简单介绍
爱丽	做饭	读大学后，不喜欢在餐厅吃饭，学习自己做饭	最喜欢做意大利菜，曾经到学校学过一个月

第九课

初识中国茶

课前热身

1. 你能说出照片上这些东西的名字吗？
2. 你知道哪些中国茶？

开心词典

热情[1]　　　rèqíng　　　　　　形容词

例：对人很热情　热情招待　热情地打招呼
主人们对客人很热情，又给吃的，又给喝的。

招待[2]　　　zhāodài　　　　　　动词

例：热情招待
在中国，主人常常用茶来招待客人。

品[3]　　　pǐn　　　　　　动词

例：品茶　品咖啡　品酒
品出来了吗？这是什么茶？

夹⁴　　　　jiá　　　　　　　名词

例：红色的发夹好看，也适合你的衣服。

你打开电脑，我把照片放在 E 盘第一个文件夹里了。

jiā　　　　　　　动词

例：吃这种豆腐要用勺子，筷子夹不起来。

中国人用筷子夹菜。

按照⁵　　　ànzhào　　　　介词

例：按照学校的规定，考试时不能使用手机。

方法⁶　　　fāngfǎ　　　　名词

例：学好汉语有很多方法，最重要的是多练、多用。

减肥⁷　　　jiǎn//féi　　　动词

例：他太胖了，需要减肥。//你有什么减肥的好办法吗？

继续⁸　　　jìxù　　　　　动词

例：昨天我们聊了中国的茶文化，今天继续来聊一下中国的酒
文化。

丰富⁹　　　fēngfù　　　　形容词

例：品种很丰富　丰富的图书

茶叶里的维生素很丰富。//我们的留学生活很丰富。

过程¹⁰　　　guòchéng　　　名词

例：你知道泡茶的过程吗？//人生就是一个又一个的过程。

步骤¹¹　　　bùzhòu　　　　名词

例：泡茶的步骤　最后一个步骤

开电脑有几个步骤。

复杂¹²　　　fùzá　　　　　形容词

例：字形复杂　复杂的心情　不要想得太复杂

品茶有很多步骤，听起来挺复杂的。

紧张¹³　　　jǐnzhāng　　　形容词

例：时间很紧张　紧张的心情　紧张地看着外面

重要的考试前，人人都会比较紧张。

尽量[14]　　　jǐnliàng　　　　　　副词

　　例：你明天尽量早点儿来。

　　　　我尽量帮你找一下吧，但不一定能找到。

靠近[15]　　　kàojìn　　　　　　　动词

　　例：烧开水的时候不要靠近水壶。

汉字乐园

品：pǐn　🥣🥣→品

三个表示多，这里的"口"表示的是盛东西的器物，"品"本义是很多，引申为"种类、品质"等。三个"日"为"晶"，意思是明亮。三个"人"为"众"，意思是很多人。

茶：chá　🎋→茶

"茶"的本义是苦的菜，现在我们写的时候可以分成"艹""人""木"三部分，"艹"表示的是草本植物，带有这个部件的字很多，你能想到几个？

骤：zhòu　🐎→驟→骤

形声字。左边的"马"表示像马奔跑一样，所以"骤"本义是马快跑，引申为"突然、忽然"，例如"骤然、骤雨"。

主课文

初识中国茶

　　刘大伟最近认识了一位新朋友陈小云。陈小云是
广东潮汕（Cháoshàn）人，今天她请大伟到家里喝茶。

陈小云一家热情[1]地招待[2]了大伟。一坐下，大伟就看到了桌子上有一套特别的喝茶工具。茶壶很小，和他平时喝咖啡的杯子差不多大，杯子就更小了，但是都非常漂亮。除了茶壶和茶杯，还有一个大点儿的杯子和一些工具，他不知道是做什么用的。陈小云告诉他那是一套品[3]工夫茶的茶具。说着，陈小云就准备给客人泡茶。她先烫茶壶，洗茶杯，然后用茶夹[4]取茶……大伟没想到喝茶还有这么多要注意的地方，想要好好学一下。

陈小云介绍说，中国茶有很多种，主要有红茶、绿茶、乌龙茶等。这是按照[5]茶叶的加工方法[6]来分的。他们今天喝的茶叫铁观音，就是一种乌龙茶。

大伟问有没有可以减肥[7]的茶，陈小云告诉他绿茶可以，不过提醒他饿的时候不要喝。你知道为什么吗？

★特别：跟别人或别的东西不一样。

这个女生很特别。

我要准备一件特别的礼物给妈妈。

★工夫茶：广东潮汕地区泡茶、喝茶的方式。

★动词＋着，……

说着，他拿出了一枝玫瑰。

他正想着，丽丽来了。

★茶叶有发酵、半发酵、不发酵等加工方法。"铁观音""乌龙茶"都是茶叶的名称。

会话 1

试饮绿茶

导购员：小姐，来试试我们的绿茶吧。免费试饮。

张玉兰：好啊，谢谢。

导购员：怎么样？这是今年的新茶。

张玉兰：我觉得有点儿淡，好像还有点儿苦。

导购员：这种茶刚喝的时候会有一点儿苦，过一会儿您就会觉得甜了。

张玉兰：欸^{éi}，真的，现在是觉得有些甜了。真有意思！跟我平时喝的红茶很不一样。

导购员：红茶对身体很好，不过绿茶减肥最有效。

张玉兰：那我还是继续⁸喝红茶吧，我已经这么瘦^{shòu}了，不想减肥了。

导购员：您这么苗条^{miáo·tiao}，当然不用减肥。不过绿茶含有^{hányǒu}丰富⁹的维生^{wéishēng}素^{sù}，还可以美容^{měiróng}呢，而且这个时候的绿茶最新鲜，我们现在搞活动，八折优惠。您拿一盒试试吧。

张玉兰：好，拿小盒的那种吧。

会话 2

品茶

刘大伟：小云，"功夫茶"是什么？是要先学功夫吗？

陈小云：不是"功夫"，是"工夫"。它不但需要花时间，还有不少要注意的地方。

刘大伟：说来听听。

陈小云：主要茶具有茶壶、茶杯、茶盘……

刘大伟：哇，我要晕了。我看喝工夫茶的过程¹⁰也很多。

陈小云：不叫"过程"，叫"步骤¹¹"。有 10 个步骤呢。

刘大伟：哟^{yō}，这么复杂¹²。我都不敢喝了。

陈小云：不用紧张¹³。今天你只要喝就可以了，其他的我来做。

刘大伟：那我就不客气了。咦^{yí}，你怎么把水倒^{dào}了？

陈小云：第一次泡的茶水不是用来喝的，而是倒出来洗茶具，预热^{yù rè}茶具的。

刘大伟：有意思。让我来给大家倒茶吧。

陈小云：好。倒茶的时候茶壶要尽量[14]靠近[15]茶杯，这样茶水才够烫，茶才更香。

能说会用

☞练一练：

下面三句话分别是哪种功能常用的？请写在同一类句子下面。

1. 开心的事情有很多，比如天气很好、不用上班、吃到了好吃的、感冒好了等。

2. 我觉得你的语法可以，可发音不太好。

3. 你这样说是不对的，应该那样说……

功能 1：罗列/列举

1. 中国茶有很多种，主要的有红茶、绿茶、乌龙茶等。

2. 主要茶具有茶壶、茶杯、茶盘……

3. 爷爷每天早上都要锻炼，有时候跑步，有时候打太极拳，有时候打乒乓球。

4. 苹果、葡萄、橙子什么的，我都很爱吃。

5. 妈妈这次来中国，一是来了解一下我在这里的生活，二是来旅游，三是到爷爷的老家看看。

☞练一练：

生活中常常用到列举的方法。请说一说在下面情景中应该怎样说。

1. 说说茶的分类并介绍茶具。（提示词语：按照……；主要有……，有……）

2. 爸爸妈妈问你在学校有什么课，你来介绍一下。

3. 你向朋友介绍学校附近有哪些好吃的或好玩的。

功能 2：纠正

1. 不是"功夫"，是"工夫"。

2. 今天不是周一，而是周二。

3. A：听说北京今天下雪了。

　　B：（你说）什么呀！我刚刚和北京的朋友打电话，他说北京今天天气好，他和同学在外面踢毽子呢。

4. A：绿茶对健康有好处，每个人都可以喝。

　　B：不是哦，我听卖茶的人说，不同的人应该喝不同的茶，有的人喝绿茶会胃疼呢。

5. A：这电影真难看，我看了一半就出来了。

　　B：我前两天也去看了，没那么差吧。

☞练一练：

请朋友说明茶和茶具的分类，注意指出他可能说错的地方。（提示词语：不是……，而是……）

功能 3：评价

1. 我觉得有点儿淡，好像还有点儿苦。

2. 这种茶好喝是好喝，只是/不过/但是/就是/可是有点儿贵。

3. 这个人，真不知道怎么说他。

4. 这球打得太漂亮了。

5. 在图书馆里这样大声讲电话太不像话了。

☞练一练：

你知道下图中这些茶的味道吗？如果知道，请评价各种茶的味道。如果不太了解，请评价三种大家常喝的饮料的味道。（提示词语：我觉得……、我看……）

绿茶　　　　　　黄茶　　　　　　黑茶

红茶　　　青茶（乌龙茶）　　　白茶

你知道吗

中国茶文化

中国是茶的故乡，汉族人饮茶的历史，据说已经有4 700多年了。中国茶的种类很多，按照发酵程度可分为绿茶、红茶、白茶、黑茶等。中国人习惯以茶招待客人，茶是礼敬客人的重要物品。直到现在，茶也是中国人最常见的礼物之一。

随着与世界各国的交往越来越多，很多中国人特别是年轻人接受和习惯了喝咖啡、果汁、汽水等饮料。在中国，这些饮料销量非常大。在很多城市，咖啡厅是很容易见到的，甚至比茶叶店还多。但是如果你到中国人家里做客，一杯热茶当然是最好的选择。

经典诵读

Liángyào kǔ kǒu lì yú bìng zhōngyán nì ěr lì yú xíng
良 药 苦 口 利 于 病， 忠 言 逆 耳 利 于 行。

——《孔子家语·六本》

练习

一、写出有下列部件的字

艹＿＿＿ ＿＿＿ ＿＿＿　　　　纟＿＿＿ ＿＿＿ ＿＿＿

马＿＿＿ ＿＿＿ ＿＿＿　　　　彳＿＿＿ ＿＿＿ ＿＿＿

二、组词语

预＿＿＿＿　　　　＿＿＿＿＿　　　　＿＿＿＿＿

尽＿＿＿＿　　　　＿＿＿＿＿　　　　＿＿＿＿＿

最＿＿＿＿　　　　＿＿＿＿＿　　　　＿＿＿＿＿

＿＿＿＿具　　　　＿＿＿＿具　　　　＿＿＿＿具

＿＿＿＿要　　　　＿＿＿＿要　　　　＿＿＿＿要

三、找出每句话里读第二声的字

1. 你有什么减肥的好办法吗？
2. 他说话太难听了，谁都不愿意靠近他。
3. 你的爸爸妈妈真热情，做了这么多菜。
4. 虽然没得第一，但是这个过程我们很快乐。
5. 今天的工作有点复杂，但是没关系，我们慢慢做。

四、为下面画横线的词语写出反义词

1. 这茶有点儿苦，也有点儿淡。　　　（　　　　）（　　　　）

2. 你长得太<u>瘦</u>了，要多吃点儿。　　　（　　　）

3. 泡工夫茶的步骤是比较<u>复杂</u>的。　　　（　　　）

4. 中国朋友待我们很<u>热情</u>。　　　　　　（　　　）

5. 考试的时候不要<u>紧张</u>。　　　　　　　（　　　）

五、选词填空

热情　工具　继续　按照　步骤　丰富

1. 上一节我们学了第八课，今天（　　　　）学第九课。

2. 毛笔、宣纸和墨水等都是练习中国书画的（　　　　）。

3. A：这种茶怎么泡呢？

　　B：（　　　　）这张说明书去做就行了。

4. 泡工夫茶的（　　　　）挺复杂的，我还真记不住。

5. 广州人晚上的生活也很（　　　　），喝茶、逛街、唱歌、跳广场舞……

6. 我们还是去东门的那家饭店吧。那家的服务员对客人都很（　　　　）。

六、完成对话和句子

1. A：你喜欢中国的节日吗？

　　B：喜欢啊，＿＿＿＿＿＿＿＿＿＿＿＿＿＿＿＿。（比如）

2. 到了中国，我去过许多地方旅游，＿＿＿＿＿＿＿＿＿＿＿。（比如）

3. 喝了才发现，杯子里的水＿＿＿＿＿＿＿＿。（不是……，而是……）

4. 开了灯才看清楚，桌子上放的＿＿＿＿＿＿。（不是……，而是……）

5. A：你觉得绿茶怎么样？

　　B：＿＿＿＿＿＿＿＿＿＿＿＿＿＿＿＿。（……，只不过……）

七、看图，用"先……然后……（再……）"句式写句子

（做饭）

1. _____

（打扫）

2. _____

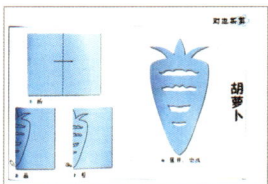

（剪纸）

3. _____

时间	第一、二节（8：30—10：10）	第三、四节（10：30—12：10）
课程	初级汉语口语	初级汉语阅读

（课程表）

4. _____

八、根据上下文填空

法　有　骤　容　具　照　思　品　肥

周六，刘大伟的朋友陈小云请他到家里_____工夫茶。

在小云家，大伟先认识了喝茶的工_____，然后又了解了泡茶的步_____。小云说按_____茶叶的加工方_____，中国茶可分为很多种，比如红茶、绿茶等。大伟问有没有可以减_____的茶，小云告诉他绿茶可以。大伟尝了尝绿茶，觉得有点儿淡，也有点儿苦。小云说，绿茶含_____丰富的维生素，还可以美_____。大伟觉得喝工夫茶很有意_____。

九、三人一组写句子，每个句子要用到下面的两个词语，写完后各组交换批改

方法　过程　按照　步骤　尽量　靠近　预热　紧张　代表

1. _____
2. _____
3. _____
4. _____

十、语言实践

你周围的人常常会喝什么？他们喝茶吗？他们为什么喜欢或不喜欢喝？请访问至少三位来自不同国家或地区的朋友，完成下面的调查表格。

姓名（国家/地区，年龄）	这两年喝得最多的饮料（不包括酒类）	喜欢喝的原因	喜欢喝茶吗	（不）喜欢喝茶的原因
张明（中国山东，20岁）	可乐	解暑	喜欢	健康

第四单元

第十课
中国的节日

课前热身

1. 你能说出图片上是哪些节日吗?
2. 你知道在这些节日里,中国人都做什么吗?

开心词典

传统[1]　　chuántǒng　　　　名词、形容词

　　例:春节放鞭炮是中国人的传统。

　　　　他爷爷的想法还是和70年前一样,很传统。

风俗[2]　　fēngsú　　　　　名词

　　例:你知道中国人过新年都有什么风俗吗?

祝愿[3]　　　zhùyuàn　　　　动词

例：祝愿大家新年快乐、身体健康！

互相[4]　　　hùxiāng　　　　副词

例：同学之间应该互相帮助、互相关心。

祝福[5]　　　zhùfú　　　　动词

例：为家人祝福　祝福的话　美好的祝福

春节到了，中国人互相送上新年的祝福。

收获[6]　　　shōuhuò　　　　名词、动词

例：收获很多　收获的季节

来中国学汉语，最大的收获是认识了很多朋友，汉语水平也

提高了。

美好[7]　　　měihǎo　　　　形容词

例：生活很美好　美好的心情

朋友过生日，我们都送上美好的祝福。

放假[8]　　　fàng//jià　　　　动词

例：放了七天假

春节全国放假三天。//放假的时候，小朋友最开心了。

多亏[9]　　　duōkuī　　　　动词

例：这次多亏你的帮助，要不然我们就找不到路了。

多亏你把我爷爷送到了医院，医生说再晚一会儿就救不

了了。

差点儿[10]　　　chàdiǎnr　　　　副词

例：今天路上堵车，我差点儿迟到了。

充足[11]　　　chōngzú　　　　形容词

例：时间很充足　阳光充足

他有充足的零用钱。

到处[12]　　　dàochù　　　　副词

例：我已经到处找了，但还是没找到我的汉语书。

他的房间太乱了，衣服啊、书啊，扔得到处都是。

挤[13]　　　　jǐ　　　　　　　　形容词

例：下班时间，地铁和公交车上都很挤。

担心[14]　　　dān//xīn　　　　　动词

例：这么晚了不回家，多让人担心。

汉字乐园

美：měi　🎭 → 🎭

本义是"美好"，这个字像一个人头上戴着羊角或者羽毛之类的，很美丽。

团：tuán　🖼 → 團 團 團

从图片看，原来的"团"外面像一个圆圈，里面的" 專 "（zhuān）是纺锤，纺锤转动起来就是圆的，所以"团"的本义是圆形的，也可以指圆形的食物，例如"汤团（汤圆）、饭团"。引申为聚到一起，例如"团圆、团聚"。

户：hù　🖼 → 🖼 → 🖼

本义就是一扇门（"门"字则有两扇），后来引申为"住户、人家"。

主课文

中国的节日

中国的**传统**[1]节日很多，春节（Chūn jié）、元宵节（Yuán xiāo Jié）、清（Qīng）

明节、端午节、中秋节等。每个节日都有它的 传 *chuán*

说 故 事、代表 食物和风俗[2] 习惯。比如，春节"年" *shuō gù·shi* *dàibiǎo*

的故事，端午节人们会想到屈原，中秋有 嫦 娥 *Qū Yuán* *Cháng'é*

奔 月的传说…… *bēn//yuè*

对所有中国人来说，最重要最热闹的节日当然还

是春节。春节是农历的 正 月初一，过春节也叫过 *nóng lì* *zhēngyuè*

年。人们从腊月二十几日就开始准备过年了，家家户 *là yuè* *jiā jiā hù*

户打扫卫 生 、准备年 货、做美食。春节的前一天 *hù* *wèishēng* *niánhuò*

每家都贴上大红的对联和"门 神"。这一天的晚上 *tiē* *duìlián* *ménshén*

叫除夕，一家人围在一起吃团 圆 饭。北方吃饺子， *chú xī* *tuányuán*

南方吃年 糕，虽然吃的不同，但都是祝愿[3]新的一年 *niángāo*

万事 如意，大吉 大利。 *wànshì-rú yì* *dà jí-dà lì*

初一一大早，人们都互相[4]拜年问好，有的打电

话，有的发短 信，住得近的就去家里拜年。见面都 *duǎn xìn*

要送祝福[5]，说吉利话，不能说让人不开心的话。春节

时， 长 辈会给晚 辈压岁钱 ，所以，收获[6]最多的当 *zhǎngbèi* *wǎnbèi yā suìqián*

然是孩子。有了钱，可以买自己喜欢的书、零食和 *líng shí*

玩 具。他们开心的笑声和笑脸让节日更快乐、更 *wán jù*

美好[7]。

★传说：人们口头流传的关于某人某事的说法。

★比如……
中国茶很多，比如红茶、绿茶和黑茶等。

★正月：农历的第一个月。

★腊月：农历的最后一个月。

★年货：过年前买的过年用品。

★一大早：早上很早的时候。

★吉利：带来好运的。
吉利的数字 吉利的颜色

★长辈：辈分高的人。

★晚辈：辈分低的人。

会话 1

今年中秋怎么过

妈　　妈：佳丽，后天就是中秋节了，今年我们全家去舅舅家过节。

王佳丽：好啊，人多热闹。

妈　　妈：很多年没和你舅舅过中秋节了。吃完饭我们一起去江边赏月。

王佳丽：太好了。我们什么时候过去？

妈　　妈：如果你和家贝没什么事，后天上午过去吧。

王佳丽：没问题，中秋节学校放假[8]，我们可以早点去。

妈　　妈：好。那天肯定堵车，我们坐地铁去。你表姐也回来，你们聊聊天，她还会做花灯。

王佳丽：那我跟她学学，做好了晚上带着去江边。

会话 2

国庆节怎么过

张玉兰：下午篮球场有比赛，别忘了去看啊。

王佳丽：多亏[9]你提醒，我差点儿[10]忘了。再过几天就是国庆节了，假期（jià qī）你打算怎么过？

张玉兰：我打算和几个朋友去桂林（Guì lín）玩。你呢？

王佳丽：我和家贝、思汉约好了。上午帮家贝补习（bǔ xí）汉语，下午去运动场，晚上一起看看电影、逛逛街。

张玉兰：你们不出去旅行吗？好几天假期呢！

王佳丽：是啊，时间是挺充足[11]的，不过我听说那几天到处[12]都是人、车，到处都很挤¹³，一点儿也不好玩。

张玉兰：嗯，你说得对，我也有点儿担心¹⁴看不到风景只看到人呢。

能说会用

功能 1：开始话题

1. 你们不出去旅行吗？好几天假期呢！
2. 今天真冷（好/暖和/凉快/热）！
3. 昨天晚上看足球了吧……
4. 好久不见了，怎么样？

功能 2：附和

1. 就是，咱们想的一样。
2. 嗯，你说得对。
3. 对，我也这么想。
4. A：小冬还没来呢，我们等他到了再点菜吧。

   B：就是，大家一起点比较好。
5. A：我觉得买东西不能只买便宜的，我喜欢少买东西，但是买贵一点儿好一点儿的。

   B：说的是，如果东西不好，多便宜我也不会买。

功能 3：提醒

1. 下午篮球场有比赛，别忘了去看啊。
2. 别忘了锁门（关灯/按时吃药/给她打电话）。
3. 你再不来，我们就先走了。
4. 记得给我写信。
5. 小心，后面有车！

6.（你现在吃得越来越多了，而且不运动）这样下去，一定会胖。

功能 4：同意

1. 嗯，好啊。
2. 我同意你的看法。
3. 我和你的想法一样。
4. 你说到我心里去了。
5. A：我们俩轮流打扫房间，怎么样？

   B：没问题。

☞练一练：

1. 下面四句话分别是哪种功能常用的？请写在同一类句子下面。

（1）该上课了！

（2）在忙什么呢？

（3）是的，汉字真的挺难写的。

（4）我也这么看。

2. 请根据下面给出的情况，完成对话，并试着使用上面提到的语言功能项目。

中国节日假期较多，你提醒朋友就快放假了，问他/她有什么打算。朋友提出放假去游玩的建议，有的建议你表示同意，有的建议你不同意，并说出自己的看法，看最后商量的结果怎么样。

快放假了，你有什么打算啊？

我打算……

跟我想的一样……

你知道吗

中国的节日

中国的节日很多。几千年的历史产生了很多传统节日，比如春节、元宵节、清明节、端午节、七夕节、中秋节、重阳节等。

现代人还有现代人的节日，比如1月1日元旦、5月4日中国青年节、7月1日建党节、8月1日建军节、9月10日教师节、10月1日国庆节等。还有一些国际化的节日，如"三八"国际劳动妇女节、"五一"国际劳动节、"六一"国际儿童节。这些年很多人开始过母亲节、父亲节等。

虽然已经有这么多的节日，人们还是想要更多的节日，很多外国的节日在中国也很受欢迎，比如圣诞节、情人节、万圣节等。如果你喜欢过节，就来中国吧。

经典诵读

Dú zài yì xiāngwéi yì kè měi féng jiā jié bèi sī qīn
独 在 异 乡 为 异 客， 每 逢 佳 节 倍 思 亲。

——唐·王维《九月九日忆山东兄弟》

练习

一、写出有下列部件的字

犭 ＿＿＿　＿＿＿　＿＿＿　＿＿＿

礻 ＿＿＿　＿＿＿　＿＿＿　＿＿＿

攵 ＿＿＿　＿＿＿　＿＿＿　＿＿＿

月（在右边）＿＿＿　＿＿＿　＿＿＿　＿＿＿

户 ＿＿＿　＿＿＿　＿＿＿　＿＿＿

二、组词语

祝_____　　　　祝_____　　　　祝_____

_____货　　　　_____货　　　　_____货

_____节　　　　_____节　　　　_____节

_____辈　　　　_____辈　　　　_____辈

三、根据首字母，猜词语或句子

例：FS：风俗　　　NQBQ：你去不去　　　CSHJ：车上很挤

DK：_____　　HX：_____　　DC：_____　　JQ：_____

MWJ：_____　　CTJR：_____　　LQBS：_____

DSWS：_____　　　　YDYBHW：_____

四、选词填空

补习　传统　团圆　祝愿　美好　收获　担心　充足

1. 这个学期我的（　　　　　）很大，学到了很多知识。

2. A：（　　　　　）你新年快乐、万事如意！

　　B：谢谢！

3. 儿子到很远的地方，母亲当然会（　　　　　）。

4. 这里11月到第二年2月很少下雨，别的时间雨水很（　　　　　）。

5. 春节是中国的（　　　　　）节日，是一个和家人（　　　　　）的节日。

6. 人们互相送上节日的（　　　　　）祝福。

7. 放假期间，阿里找了一位汉语老师帮他（　　　　　）。

五、完成句子

1. 我喜欢的汉语歌很多，比如_____。

2. 适合夏天吃的水果很多，比如_____。

3. 公车上太多人了，我差点儿_____。

4. 多亏有你提醒，我才_____。

5. 多亏你提醒，要不我就_____。

6. 今天多亏你_____，不然我就赶不上车了。

六、选词填空

传统　传说

1. 按照中国人的_____，端午节要吃粽子、划龙船。

2. "嫦娥奔月"是中国一个古老的_____。

多亏　多谢

1. 这次_____了你，要不然，我们很难找到这个地方。

2. 这次您帮了我们大忙，_____了。

放假　假期

1. 这次节日_____三天，我们打算去海南岛玩玩儿。

2. _____里你都做什么？

七、连词成句

1. 一些　每　个　传说故事　节日　都　有

   _____

2. 还是　春节　最　节日　的　重要　热闹　最

   _____

3. 更加　让　笑声　他们的　节日　美好

   _____

4. 去　吃　饭　完　我们　赏月　江边

5. 逛街　一起　或者　看电影　晚上　吧

_____

八、看一看，说一说

下面几张图和三个节日有关，说说哪两张图是同一个节日，并简单介绍一下这些节日。

九、根据会话2将下面的短文补充完整

国庆节快到了。张玉兰_____和几个朋友去桂林玩。但王佳丽不想去_____，她准备国庆节那天上午帮家贝_____汉语，下午去运动场，晚上去看_____、_____或者去朋友家玩。张玉兰问佳丽为什么不去旅行，佳丽说虽然时间挺_____，但听说国庆节_____都是人，太_____了，担心看不到_____只看到_____。

十、写一写

以"我最喜欢_____节"为题目，介绍你们国家的一个节日，说一说这个节日叫什么以及人们怎么庆祝这个节日。

（尽量用到这些词语：传统、互相、家家户户、祝愿、美好、到处、担心、比如）

第十一课
过年了

课前热身

1. 上面图片是中国人过新年常做的一些事。你知道有哪些？

2. 在你们国家，华人是怎么过年的？他们会做哪些吃的？

开心词典

重视[1]　　zhòngshì　　　　动词

　　例：非常重视　得到重视

　　　　想学好汉语，就要重视口语和听力练习。

体会[2]　　tǐhuì　　　　　动词

　　例：我们来中国过新年，是想体会一下新年的热闹。

激动[3]　　jīdòng　　　　形容词

　　例：万分激动　激动的心情　激动地说

他多年没回家了，这次回家，心情非常激动。

不要生气，不要激动，有话慢慢说。

盼望[4]　　pànwàng　　　　动词

例：我从小就盼望着有一天能到中国来看看。

【近】希望 *(xī wàng)*

几乎[5]　　jīhū　　　　　副词

例：奶奶的头发几乎全白了。

我刚来广州，几乎一个朋友也没有。

伤[6]　　shāng　　　　动词

例：伤身　伤感情

放心，我家的狗很小，不会伤人的。

害怕[7]　　hài//pà　　　　动词

例：害怕被人骗　害怕极了

一个人在家，小女孩心里很害怕。

那个小孩害怕地叫了起来。

战胜[8]　　zhànshèng　　　　动词

例：无法战胜　战胜对手

我们要战胜困难。

胜利[9]　　shènglì　　　　动词

例：比赛胜利　胜利结束

我们终于胜利地完成了这个任务。

期间[10]　　qījiān　　　　名词

例：放假期间　考试期间

节日期间，总是人多车多。

顺利[11]　　shùnlì　　　　形容词

例：工作顺利　顺利地完成　顺顺利利

这次我们走得很顺利，没遇到堵车。

祝你们考试顺利！

汉字乐园

望：wàng

"望"的本义是"向远处看"，字形上看像一个人站在地上，睁大眼睛向远处看。后来的字形又加了"月"字，慢慢变成现在的样子。

战：zhàn

"战"是形声字，右边的"戈"是象形字，是一种武器 ；左边的 zhàn "占"表声。"战"就是战争的意思。

管：guǎn

形声字，上边的"⺮"是竹，说明"管"的本义是竹子做的乐器； guān "官"表声。"管"还有管理、约束的意思，例如"管家、管理"。带有 "⺮"的字很多和竹子有关，例如"笋、笛、筐"。

主课文

过年了

春节是全世界华人最重视[1]的节日。

在印尼的时候，佳丽她家里也庆祝春节。一到腊月二十六七，她妈妈就开始制作糕点(gāodiǎn)，除了又香又软(ruǎn)的手打蛋糕，还有好看的年糕，样子像小篮子，

★除了……还……

除了汉语，我还会英语和印尼语。

除了画画，她还喜欢打网球。

dāng dì
当地人都叫它"篮子糕"，是人们去拜年或者待客时不可少的食物。佳丽和家贝也帮忙打鸡蛋、送糕点，当然，最主要的是帮着吃。初一一大早，她们一家会

miào　qí fú
去庙里祈福，希望新的一年健康平安，万事如意。

今年，佳丽一家要回广东老家过年，爸爸说要让她和弟弟体会[2]一下真正的新年味道。佳丽和家贝都很激动[3]，还没放假就开始盼望[4]着过年了。因为他们从小就听说在中国过年非常热闹。

好不容易等到腊月二十三了。街上、超市里到处

xǐ qìng　　　　　　　　　　dēng·long
都是一片喜庆，红红的对联，红红的灯笼，红红的礼盒。卖年货的地方最热闹，很多家庭都是一家人

cǎigòu　　　　　　　xiàoróng
出来采购，人人脸上带着开心的笑容。除了美食和

　　　　　　　nián jú
衣服，几乎[5]家家户户都要买花，买年橘。看到那么多美丽的花儿，人的心情也变得特别愉快，连很少买

fěnhóng　　táohuā
花的家贝也选了几枝粉红的桃花拿回家。他说明年还

　　　　　bù guǎn
要在中国过年。爸爸说，不管在哪里，只要是华人，最盼望的就是和家人一起过一个开心热闹的春节。

★待：招待。

★还没……就……
还没17岁就上大学了。
我还没说完他就走了。

★好不+形容词
好不容易　好不漂亮
好不热闹　好不开心
这些词语里，"好不容易"和其他的用法不一样，指很不容易。

★你知道中国人过年喜欢买什么花吗？

★不管……（都）……
不管多忙，他都坚持每天跑步。
不管下不下雨，我都会去接你。

会话 1

"年"的故事

刘大伟：孙克，什么事这么开心？

孙　克：我最好的朋友明天来广州，真是高兴死了。

刘大伟：那太好了。不过马上要过年了，不要说"高兴死了"，不吉利。

127

孙　克：哦，我一高兴就忘了。对了，我正好想请教你一个问题。

刘大伟：请教？你什么时候变得这么客气了？说吧。

孙　克：春节为什么叫"过年"呢？我知道"过生日""过周末"，不知道这个"年"是什么？

刘大伟：你问得太好了。我昨天刚看了一个电视节目，讲的就是"年的故事"。传说，古时候有一种叫"年"的 怪兽^{guàishòu}，每到除夕它就出来伤⁶人。后来，人们发现它害怕⁷红色、巨响和火光，所以除夕那天，家家都贴对联、放 爆竹^{bàozhú}、点灯火。

孙　克：哦，我知道了，"年"是怪兽，"过年"就是人们战胜⁸了怪兽，开心、热闹地庆祝胜利⁹。

刘大伟：对。后来"年"就变成了节日，很少人会想到怪兽了。

会话 2

"春运^{chūnyùn}"的火车票

王佳丽：赵老师，您春节回老家吗？

赵老师：想回去，可是真不知道能不能买到火车票啊。"春运"期间¹⁰车票太难买了。

王佳丽："春运"？

赵老师：哦，"春运"就是春节前后的交通运输^{yùnshū}。

王佳丽：春节大家都赶着回家过年，交通运输真是个问题。

赵老师：是啊，想到春节大家都开心，想到"春运"大家都头疼。特别是火车票，最难买。我也担心买不到票。

王佳丽：那就坐飞机回去啊。飞机票应该没那么难买吧？

赵老师：下了飞机还要坐 5 个小时汽车才能到我家，火车可以直达^{zhí dá}，所以还是坐火车更方便。

王佳丽：那我祝您顺利[11]买到票，回家过个开心年。

赵老师：谢谢你！

能说会用

功能 1：禁止

1．马上要过年了，不要说"高兴死了"，不吉利。

2．行了行了，你别说了，我知道你的意思了。

3．你不用再来了，芳芳不会见你的。

4．看什么看！我脸上有钱吗？

5．会场内禁止抽烟。

6．请勿大声说话。

功能 2：担心

1．真不知道能不能买到火车票啊。

2．我也担心买不到票。

3．他很怕明天的考试会不及格。

4．A：你喜欢她就告诉她啊！

　　B：我不敢，要是她不喜欢我怎么办？

☞练一练：

1．下面两句话分别是哪种功能常用的？请写在同一类句子下面。

（1）真怕这样的环境对身体会有害。

（2）请不要在教室里吸烟、吃饭、打电话。

2．三人或四人分组，请分别使用表示"禁止"和"担心"的语言功能项目完成以下讨论。

（1）聊聊春节不能做什么事情、不要说什么样的话。

（词语：马上要过年了、不能说……、不吉利）

（2）你了解过春节出行的情况吗？（比如买"春运"期间的火车票、机票）

（词语：担心……）

你知道吗

春节——中国人最重要的节日

春节是中国的新年，是中国人最重要的节日。各地过年习俗并不完全一样。比如在广州，农历正月初一以前的三天要"逛花街"——在城市道路开出步行街卖过年的节庆用品，有各式各样漂亮的年花，又有各种好玩好用的物品，广州春节前的"花街"又叫"花市"。

春节期间，全国的人们无论多远多忙，都要利用假期回家与家人团圆，因此产生了一年一次的人口大转移——"春运"（春节前后的交通运输）。在这段时间里，千千万万在大城市工作的人都会回到各自的家乡，铁路、公路、航空等各种交通都很忙很挤。特别是火车，能买到票的都是幸运儿。

经典诵读

Nián nián suì suì huā xiāng sì　　suì suì nián nián rén bù tóng
年　年　岁　岁　花　相　似，岁　岁　年　年　人　不　同。

——唐·刘希夷《代悲白头翁》

练习

一、写出有下列部件的字

目＿＿＿＿　＿＿＿＿　＿＿＿＿　＿＿＿＿

忄＿＿＿＿　＿＿＿＿　＿＿＿＿　＿＿＿＿

刂＿＿＿＿　＿＿＿＿　＿＿＿＿　＿＿＿＿

门＿＿＿＿　＿＿＿＿　＿＿＿＿　＿＿＿＿

月（在左边）＿＿＿＿　＿＿＿＿　＿＿＿＿　＿＿＿＿

二、照例子组词语

期 间	＿＿＿＿间	＿＿＿＿间	＿＿＿＿间
好不开心	好不＿＿＿	好不＿＿＿	好不＿＿＿
重 视	＿＿＿视	＿＿＿视	＿＿＿视
期 望	＿＿＿望	＿＿＿望	＿＿＿望

三、选词填空

期间 重视 待客 体会 只要 战胜 害怕

1. 这个小朋友很（　　　　　）老鼠。

2. 去过北京的人，都能（　　　　　）到她的历史文化的美。

3. 我们要（　　　　　）课后复习，不能轻视它。

4. 中国人习惯用茶（　　　　　）。

5. （　　　　　）你通过了这次考试，你就能上大学了。

6. 遇到困难不可怕，我们要（　　　　　）它。

7. 这些都是我在上海学习（　　　　　）拍的照片。

四、完成对话和句子

1. A：这个春节你回家吗？

   B：那还用说，＿＿＿＿＿＿＿＿＿＿＿＿＿＿＿＿＿。（不管……都……）

2. 不管你多忙，都要＿＿＿＿＿＿＿＿＿＿＿＿＿＿＿＿＿＿。

3. 不管是谁，只要你＿＿＿＿＿＿＿＿＿＿＿＿＿，就一定能成功。

4. 不管＿＿＿＿＿＿＿＿＿＿，只要＿＿＿＿＿＿＿＿＿，他都会
按照女朋友说的做。

5. 春节的时候，＿＿＿＿＿＿＿＿＿＿＿＿＿＿＿＿。（好不）

五、看图，用"……死了"句式写句子

（冷）

1. _____

（伤心）

2. _____

（吓）

3. _____

六、想一想在下面的情景中我们应该怎么说

1. 图书馆里，坐在你对面的一个男同学一边看书一边打手机。这时，你怎么跟他说不可以这样？

_____

2. 考场上有位同学正在偷偷看别的同学的答案，如果你是老师，你会怎么说？

3. 明天要进行听力考试，但我的听力很不好。老师看到我的样子很紧张，就问我怎么了。我会怎么回答？

_____

4. 中秋节放三天假，志龙约你去桂林旅游。但你觉得三天不够，如果

dān·wu

去桂林旅游，可能会耽 误上课。

_____

七、请把以下中国传统节日与对应的时间及部分习俗用线连起来

春节　　　　　　农历正月十五　　　　　　吃元宵
元宵节　　　　　农历五月初五　　　　　　吃月饼
清明节　　　　　农历八月十五　　　　　　吃粽子
端午节　　　　　每年 4 月 4 日或 5 日　　纪念先人
中秋节　　　　　农历正月初一　　　　　　登山
重阳节　　　　　农历正月初一前一天　　　拜年
除夕　　　　　　农历九月初九　　　　　　吃团圆饭

八、根据课文内容判断对错

1. 腊月二十六七就开始准备过年了。　　　　　（　　）
2. 腊月二十三开始制作手打蛋糕。　　　　　　（　　）
3. 新年第一天，一家人会去庙里祈福。　　　　（　　）
4. "年"传说是一种怪兽的名称。　　　　　　　（　　）
5. "年"喜欢红色的东西，所以人们过年要用红色的东西。（　　）

九、给没来过中国的一位网友发一封邮件，向他介绍中国的一个节日

亲爱的_____：

_____

_____

_____

_____

_____

_____

_____

_____

_____

　　祝你们_____！

爱你们的：_____

_____年_____月_____日

十、语言实践

　　访问三位来自不同地方的中国人，了解在他们心中春节最重要的是什么，以及最喜欢的活动是什么，并在下面记下来。

	性别	年龄	家乡	职业	春节最重要的事情	春节最喜欢的活动
第一位受访者						
第二位受访者						
第三位受访者						

第十二课
中国龙

课前热身

1. 照片上的场景你见过吗？说说当时的情况和你的感觉。
2. 你知道什么时候有这些活动吗？

开心词典

表演[1]　　　biǎoyǎn　　　　　　动词

　　例：表演汉语节目　上台开始表演　表演结束
　　　　口语课上要用汉语表演对话。

火红[2]　　　huǒhóng　　　　　　形容词

　　例：火红的太阳
　　　　火红火红的木棉花开满了校园。

望[3]　　　　wàng　　　　　　　　动词

　　例：上课时，同学们都认真地望着黑板听课。

千万[4]　　qiānwàn　　　　　　副词

例：千万别相信　千万要来

妈妈常跟我说，一个人在外，千万要小心。

掉[5]　　diào　　　　　　动词

例：掉眼泪　汗水往下掉　头发越掉越少

秋天了，树叶从树上掉下来了。

突然[6]　　tūrán　　　　　　形容词

例：我们正在上课，他突然走了进来。

这个消息来得很突然。

重[7]　　zhòng　　　　　　形容词

例：这个箱子很重，我拿不动。

【反】轻 qīng

分别[8]　　fēnbié　　　　　　副词

例：我们班18个留学生分别来自8个不同的国家。

老师请思汉和佳丽分别用这个词来说一个句子。

回答[9]　　huídá　　　　　　动词

例：回答问题　回答得很清楚

请你来回答一下。

正确[10]　　zhèngquè　　　　　　形容词

例：正确的答案　正确地使用

这个汉字他写得很正确。

很好，回答正确。

幸好[11]　　xìnghǎo　　　　　　副词

例：今天逛街的时候突然下大雨了，幸好我带了伞。

幸好你们都还没走，我有重要的事要和你们商量呢。

汉字乐园

狮：shī

形声字，左边"犭"（反犬旁）表示与动物有关，"狗、猫、独"等字都是犭部。"师"表音。

跃：yuè

形声字，跳的意思。左边的足字旁表意，看起来就像膝和脚，右边的"夭"（yāo）表音，有弯曲的意思，提示跳跃的时候身体会弯曲。用脚的活动很多，所以带足字旁的字也不少，例如"蹲、跳"等。

纸：zhǐ

形声字，"纟"原写作"糸"（帛，意思是丝），带"纟"或"糸"的字都与丝线、纺织或布匹有关，表示古代曾经将丝类的材料作为书写材料，后面还用过破布、渔网、树皮等书写。右边的"氏"（shì）表音。类似的字还有"线、经、系、紧、紫"等。

主课文

舞龙（wǔ lóng）舞狮

正月十五元宵节，佳丽、家贝跟舅舅一家去看晚会，有佳丽最喜欢看的舞龙舞狮表演[1]。

龙是用红布做的，上面还贴着金纸。舞动的时候，火红[2]的金龙飞上飞下，漂亮极了。舞狮更有意思。两只"狮子（shī zi）"一上一下、一左一右地跃动（yuè dòng）着，一会儿

★舞龙和舞狮是中国民间传统节俗。在一些喜庆、热闹的时候常常进行舞龙和舞狮表演，比如节日、开业的时候。

★————……————
一前一后　一高一低
父子俩一前一后地走着。

137

安静地蹲（dūn）着，一会儿高高地跳起，站在细细的柱子（xì zhù·zi）上，向观众（guānzhòng）点头问好，精彩极了。佳丽紧张地望[3]着那两只"狮子"，心里想：千万[4]别掉[5]下来啊！

突然[6]，两条长长的红色绸（chóu）布从"狮子"嘴里垂（chuí）下来，上面写着：新年快乐，吉祥如意（jí xiáng·rú yì）。

家贝一边高兴地看着演出（yǎnchū），一边对佳丽说："真是太精彩了！这是我见过的最棒的狮子，比上次在动物园里看到的狮子可爱多了。"

会话 1

大伟和"龙"

（玉兰看见大伟一个人在屋（wū）里走来走去，手里拿着一个纸做的龙）

刘大伟：咚（dōng）咚——咚，咚咚——咚。

张玉兰：大伟，你在做什么？手里拿的是什么？

刘大伟：龙啊，我自己做的。要不要跟我一起舞龙？

张玉兰：啊？这是你做的？不会吧？

刘大伟：当然是我自己做的。我还要学舞龙呢。

张玉兰：你怎么想起学这个？

刘大伟：你听过《龙的传人（chuán rén）》这首歌吗？我们那儿的华人都说自己是龙的传人。

张玉兰：知道，我爸爸也很喜欢唱这首歌呢。

刘大伟：我小时候就想表演龙狮，现在终于可以学了。你想一起学吗？

张玉兰：不了，那么重[7]的龙，我可能舞不动。

会话 2

lóngfèngchéngxiáng
龙 凤 呈 祥

（志龙去女生宿舍找丽珍，看到丽珍正在剪东西）

罗志龙：丽珍，你在剪什么？

林丽珍：看，一条龙，一只凤。

罗志龙：是 手 工 课学的吧。
（shǒugōng）

林丽珍：嗯。我最喜欢手工课，老师教会我做好多中国 工 艺品。
（gōng yì pǐn）

罗志龙：把这两张剪纸送给我吧。
（jiǎn zhǐ）

林丽珍：那我得先考考你，龙和凤分别[8]代表什么？

罗志龙：好难的问题，还好我听爸爸说过。龙是神奇的动物，凤是百鸟
之王，它们都代表吉祥如意。

林丽珍：哦，我忘了，你的名字里就有"龙"啊。回答[9]正确[10]，两张
剪纸都送给你了。

罗志龙：朋友的姐姐要结婚了，我把你的剪纸作品送给他们，可以吗？
（zuòpǐn）

林丽珍：当然可以。希望他们喜欢。

罗志龙：太好了！我刚才还在想送什么礼物呢，幸好[11]遇到你了。谢谢
你的剪纸！

139

能说会用

☞练一练：

下面两句话分别是哪种功能常用的？请写在同一类句子下面。

（1）听到这件事我们都大吃一惊。

（2）谢天谢地，你可来了。

功能 1：庆幸

1．还好我听爸爸说过。

2．我刚才还在想送什么礼物呢，幸好遇到你了。

3．多亏你的帮助，要不我们就麻烦了。

4．今天差点儿没迟到。

5．哈哈！给你，35 块。我今天刚好带了 35 块钱！

☞练一练：

请使用上面的语言功能项目，完成以下对话。

1．A：丽丽，明天参观别忘了带着学生证，可以半价。

　　B：＿＿＿＿＿＿＿＿＿＿＿＿＿＿＿＿＿＿＿＿

2．A：这段时间广州的酒店特别紧张，我们现在还没找到合适的地方住。

　　B：＿＿＿＿＿＿＿＿＿＿＿＿＿＿＿＿＿＿＿＿

3．A：有个中国朋友生日，我想送他一个闹钟，可是佳丽告诉我不能送钟。

　　B：＿＿＿＿＿＿＿＿＿＿＿＿＿＿＿＿＿＿＿＿

功能 2：吃惊

1．啊？这是你做的？不会吧？

2．怎么会这样？我刚才就放在桌子上了，怎么会找不到呢？

3. 我完全没想到会有这样的结果。

4. 这事发生得太突然了。

5. 不会吧！你们俩以前是同学？

6. 什么？明天要考试？

☞练一练：

请使用上面的语言功能项目，完成以下对话。

1. A：他一天能记住 500 个汉字。

　　B：＿＿＿＿＿＿＿＿＿＿＿＿＿＿＿＿＿＿

2. A：昨天他还说周末和我们爬山，今天就听说他回国了。

　　B：＿＿＿＿＿＿＿＿＿＿＿＿＿＿＿＿＿＿

你知道吗

龙的传人

校园歌曲

侯德健 词曲

经典诵读

Zhī zhī wéi zhī zhī　bù zhī wéi bù zhī　shì zhì yě
知 之 为 知 之，不 知 为 不 知，是 知 也。

——《论语·为政》

练习

一、写出有下列部件的字

⺮ ＿＿＿＿＿　＿＿＿＿＿　＿＿＿＿＿　＿＿＿＿＿

𧾷 ＿＿＿＿＿　＿＿＿＿＿　＿＿＿＿＿　＿＿＿＿＿

灬 ＿＿＿＿＿　＿＿＿＿＿　＿＿＿＿＿　＿＿＿＿＿

辶 ＿＿＿＿＿　＿＿＿＿＿　＿＿＿＿＿　＿＿＿＿＿

二、组词语

舞＿＿＿＿＿　　舞＿＿＿＿＿　　舞＿＿＿＿＿

＿＿＿＿不动　　＿＿＿＿不动　　＿＿＿＿不动

＿＿＿＿众　　　＿＿＿＿众　　　＿＿＿＿众

幸＿＿＿＿　　　幸＿＿＿＿　　　幸＿＿＿＿

三、根据首字母，猜词语或句子

例：WZJXD：我自己写的　　　NZJSM：你在剪什么

WMQKWH：＿＿＿＿＿　　　NXYQXM：＿＿＿＿＿

NZSM：＿＿＿＿＿　　　　　WHJZ：＿＿＿＿＿

WZXHSGK：＿＿＿＿＿　　　LSJWMZD：＿＿＿＿＿

四、选词填空

演出　掉　作品　正确　幸好　分别

1. 别站在窗户边上，小心（　　　　　）下去了。
2. 今天晚上 8 点在广州大剧院有一场芭蕾舞的（　　　　　）。
3. 我们班的 18 位同学（　　　　　）来自 11 个不同的国家和地区。
4. 这次考试（　　　　　）我准备得充分，要不然就很有可能不通过了。
5. 请把（　　　　）的答案写在试卷上。
6. A：这个（　　　　　）是谁的？
   B：你是说这个剪纸吗？是我剪的。

表演　演出

1. 每节口语课上，老师都要我们上前_____课文的对话。
2. 看了舞龙舞狮这个精彩的_____以后，大家都很激动。

突然　忽然

1. 他要回国这个消息很_____。
2. 我们正在操场上打着球，_____下起了一阵大雨。

希望　愿望

1. 爸爸妈妈_____我能在中国读大学。
2. 奶奶最大的_____是春节时一家人坐在一起吃个团圆饭。

五、完成句子和对话

1. 考试时要细心，_____。（千万）

2．A：你的钥匙呢？

　　B：忘带了，不过幸好你回来得早，＿＿＿＿＿＿＿＿＿＿＿。（要不然）

3．A：这四张剪纸是给志龙和佳丽的吗？怎么给？

　　B：＿＿＿＿＿＿＿＿＿＿＿＿＿＿＿＿＿＿＿＿＿＿＿。（分别）

4．你们不要一起说，我听不清楚，＿＿＿＿＿＿＿＿＿＿＿＿。（分别）

5．我们班的同学＿＿＿＿＿＿＿＿＿＿＿＿＿＿＿＿＿。（分别）

六、连词成句

1．"狮子"　跃动　地　两只　着　一左一右

＿＿＿＿＿＿＿＿＿＿＿＿＿＿＿＿＿＿＿＿＿＿＿＿＿＿＿＿

2．和　成功　都　龙　吉祥　代表　凤　和

＿＿＿＿＿＿＿＿＿＿＿＿＿＿＿＿＿＿＿＿＿＿＿＿＿＿＿＿

3．把　剪纸　我　他们　送给　想

＿＿＿＿＿＿＿＿＿＿＿＿＿＿＿＿＿＿＿＿＿＿＿＿＿＿＿＿

4．我　过　跟　爸爸　还好　讲　我

＿＿＿＿＿＿＿＿＿＿＿＿＿＿＿＿＿＿＿＿＿＿＿＿＿＿＿＿

5．华人　的　都说　我们　自己　是　那儿　"龙的传人"

＿＿＿＿＿＿＿＿＿＿＿＿＿＿＿＿＿＿＿＿＿＿＿＿＿＿＿＿

七、根据上下文填空

右　意　蹲　红　候　演　着　精　垂　出

正月十五是元宵节，佳丽、家贝跟舅舅一家去看晚会，还有舞龙舞狮表＿＿＿＿＿。

火＿＿＿＿＿的金龙舞动的时＿＿＿＿＿，漂亮极了。舞狮的时候，两只"狮子"一上一下、一左一＿＿＿＿＿地跃动＿＿＿＿＿，一会儿安静地＿＿＿＿＿着，一会儿高高地跳起，站在细细的柱子上，＿＿＿＿＿彩极了。

突然，两条长长的红色绸布从"狮子"嘴里＿＿＿＿＿了下来，上面写着：节日快乐，吉祥如＿＿＿＿＿。家贝一边高兴地看着演＿＿＿＿＿，一边

说："太精彩了！以后有机会我也要学学龙狮表演。"

八、三人一组写句子，每个句子要用到下面的两个词语，写完后各组交换批改

千万　突然　表演　回答　精彩　分别　幸好　正确

1. ＿＿＿＿＿＿＿＿＿＿＿＿＿＿＿＿＿＿＿＿＿＿＿

2. ＿＿＿＿＿＿＿＿＿＿＿＿＿＿＿＿＿＿＿＿＿＿＿

3. ＿＿＿＿＿＿＿＿＿＿＿＿＿＿＿＿＿＿＿＿＿＿＿

4. ＿＿＿＿＿＿＿＿＿＿＿＿＿＿＿＿＿＿＿＿＿＿＿

九、下面是中国的剪纸，你能看出它们分别剪的是什么吗？你知道它们代表什么意思吗？请将图片与相应的词语连起来。

吉祥如意

连年有余

一帆风顺

新婚之喜

生词表

第一课

广州	Guǎngzhōu	招牌菜	zhāopáicài
广交会	Guǎngjiāohuì	问题	wèntí
湘菜	xiāngcài	部分	bù·fen
爱	ài	微	wēi
饿	è	前台	qiántái
介绍	jièshào	结账	jié//zhàng
特色	tèsè	刷卡	shuā//kǎ
点	diǎn	现金	xiànjīn
不停	bùtíng	收	shōu
悄悄	qiāoqiāo	肚子	dù·zi
商量	shāng·liang	鼓	gǔ
买单	mǎidān	剩	shèng
客人	kè·rén	浪费	làngfèi
光临	guānglín	抢	qiǎng
菊花	júhuā	帮	bāng
推荐	tuījiàn	空儿	kòngr
菜单	càidān	机会	jī·huì
页	yè		

第二课

国	guó	趟	tàng
半天	bàntiān	遇到	yùdào
于是	yúshì	班长	bānzhǎng

闹钟	nàozhōng	雨伞	yǔsǎn
建议	jiànyì	梨	lí
能	néng	散	sàn
奇怪	qíguài	红包	hóngbāo
清楚	qīng·chu	谐音	xiéyīn
回头	huítóu	永远	yǒngyuǎn
转	zhuàn	破费	pòfèi
请教	qǐngjiào	点心	diǎn·xin
发音	fāyīn	尝	cháng
相同	xiāngtóng	会儿	huìr
送终	sòng//zhōng	带	dài
去世	qùshì	哼	hng
哦	ò	馋猫	chánmāo
如此	rúcǐ	感谢	gǎnxiè
比如	bǐrú	就是	jiùshì

第三课

集合	jíhé	结婚	jié//hūn
先	xiān	公司	gōngsī
篮	lán	职员	zhíyuán
路上	lù·shang	新房	xīnfáng
显得	xiǎn·de	清香	qīngxiāng
师母	shīmǔ	度	dù
包	bāo	蜜月	mìyuè
提前	tíqián	婚礼	hūnlǐ
馅儿	xiànr	再说	zàishuō
认真	rènzhēn	既然	jìrán
力量	lì·liàng	早茶	zǎochá
从来	cónglái	发生	fāshēng

趣事	qùshì	得	děi
告别	gào//bié	赶	gǎn
结束	jiéshù	告辞	gàocí
舍不得	shě·bu·de	可怜	kělián
堆	duī	受不了	shòu·buliǎo
处理	chǔlǐ		

第四课

好	hǎo	食品	shípǐn
价钱	jià·qián	购物	gòuwù
拉	lā	袋	dài
比	bǐ	塑料	sùliào
前面	qiánmiàn	保护	bǎohù
里面	lǐmiàn	环境	huánjìng
百合	bǎihé	北京路	Běijīng lù
玫瑰	méi·gui	哎呀	āiyā
一些	yīxiē	应该	yīnggāi
花篮	huālán	提醒	tí//xǐng
而且	érqiě	商场	shāngchǎng
保证	bǎozhèng	优惠	yōuhuì
付	fù	活动	huódòng
订金	dìngjīn	券	quàn
同意	tóngyì	以为	yǐwéi
打折	dǎ//zhé	砍价	kǎn//jià
牛肉	niúròu		

第五课

划算	huásuàn	亚马逊	Yàmǎxùn
当当网	Dāngdāng wǎng	查	chá

原价	yuánjià	质量	zhìliàng
确实	quèshí	坏	huài
在线	zàixiàn	任何	rènhé
客服	kèfú	整数	zhěngshù
讲价	jiǎng//jià	批发	pīfā
减	jiǎn	市场	shìchǎng
凑	còu	服装	fúzhuāng
以上	yǐshàng	式样	shìyàng
得到	dé//dào	大方	dà·fang
搞	gǎo	料子	liào·zi
城	chéng	眼光	yǎnguāng
盘	pán	仓库	cāngkù
够	gòu	真心	zhēnxīn
装	zhuāng	不如	bùrú
款	kuǎn	生意	shēng·yi

第六课

中医	zhōngyī	低头	dī//tóu
脖子	bó·zi	后来	hòulái
肩膀	jiānbǎng	有效	yǒuxiào
点头	diǎn//tóu	按摩	ànmó
段	duàn	精神	jīng·shen
迷	mí	胃口	wèikǒu
疲劳	píláo	睡眠	shuìmián
针灸	zhēnjiǔ	容易	róngyì
治疗	zhìliáo	醒	xǐng
果然	guǒrán	全身	quánshēn
连续	liánxù	愿意	yuànyì
神奇	shénqí	拔	bá

火罐	huǒguàn	鼻涕	bítì
危险	wēixiǎn	怕	pà
隔壁	gébì	成药	chéngyào
稍	shāo	煮	zhǔ
通知	tōngzhī	桶	tǒng
盲人	mángrén	泡	pào
阿嚏	ātì		

第七课

运动量	yùndòngliàng	熟悉	shú·xi
场	chǎng	罢了	bà·le
保持	bǎochí	天分	tiānfèn
身材	shēncái	捡	jiǎn
交	jiāo	待	dāi
网球	wǎngqiú	轮流	lúnliú
汗	hàn	采访	cǎifǎng
场地	chǎngdì	姚明	Yáo Míng
街	jiē	巨人	jùrén
句	jù	超级	chāojí
只要	zhǐyào	思想	sīxiǎng
锻炼	duànliàn	爱心	àixīn
健康	jiànkāng	林丹	Lín Dān

第八课

围棋	wéiqí	好奇	hàoqí
课间	kèjiān	围	wéi
棋盘	qípán	曾经	céngjīng
盒子	hé·zi	紧	jǐn
棋子	qízǐ	盯	dīng

输	shū	墨水	mòshuǐ
招	zhāo	宣纸	xuānzhǐ
古典	gǔdiǎn	替	tì
《春江花月夜》	Chūn jiāng huā yuè yè	位子	wèi·zi
首	shǒu	欣赏	xīnshǎng
曲子	qǔ·zi	幅	fú
遍	biàn	徐悲鸿	Xú Bēihóng
对了	duì·le	《奔马图》	Bēn mǎ tú
琴	qín	充满	chōngmǎn
崇拜	chóngbài	观察	guānchá
感	gǎn	样子	yàng·zi
兴趣	xìngqù	摔	shuāi
弹	tán	尘土	chéntǔ
懂	dǒng	受伤	shòu//shāng
表	biǎo	齐白石	Qí Báishí
了解	liǎojiě	《虾》	Xiā

第九课

潮汕	Cháoshàn	乌龙茶	wūlóngchá
热情	rèqíng	按照	ànzhào
招待	zhāodài	加工	jiā//gōng
特别	tèbié	方法	fāngfǎ
工具	gōngjù	铁观音	tiěguānyīn
壶	hú	减肥	jiǎn//féi
咖啡	kāfēi	饮	yǐn
杯子	bēi·zi	淡	dàn
品	pǐn	欸	éi
工夫茶	gōng·fuchá	继续	jìxù
夹	jiá/jiā	瘦	shòu

苗条	miáo‧tiao	复杂	fùzá
含有	hányǒu	紧张	jǐnzhāng
丰富	fēngfù	咦	yí
维生素	wéishēngsù	倒	dào
美容	měiróng	预热	yùrè
过程	guòchéng	尽量	jǐnliàng
步骤	bùzhòu	靠近	kàojìn
哟	yō		

第十课

传统	chuántǒng	门神	ménshén
春节	Chūnjié	除夕	chúxī
元宵节	Yuánxiāo Jié	团圆	tuányuán
清明节	Qīngmíng Jié	年糕	niángāo
端午节	Duānwǔ Jié	祝愿	zhùyuàn
传说	chuánshuō	万事如意	wànshì-rúyì
故事	gù‧shi	大吉大利	dàjí-dàlì
代表	dàibiǎo	互相	hùxiāng
风俗	fēngsú	短信	duǎnxin
屈原	Qū Yuán	祝福	zhùfú
嫦娥奔月	cháng'é bēn//yuè	长辈	zhǎngbèi
农历	nónglì	晚辈	wǎnbèi
正月	zhēngyuè	压岁钱	yāsuìqián
腊月	làyuè	收获	shōuhuò
家家户户	jiājiāhùhù	零食	língshí
卫生	wèishēng	玩具	wánjù
年货	niánhuò	美好	měihǎo
贴	tiē	放假	fàng//jià
对联	duìlián	多亏	duōkuī

差点儿	chàdiǎnr	充足	chōngzú
假期	jiàqī	到处	dàochù
桂林	Guìlín	挤	jǐ
补习	bǔxí	担心	dān//xīn

第十一课

重视	zhòngshì	粉红	fěnhóng
糕点	gāodiǎn	桃花	táohuā
软	ruǎn	不管	bùguǎn
当地	dāngdì	怪兽	guàishòu
庙	miào	伤	shāng
祈福	qífú	害怕	hài//pà
体会	tǐhuì	爆竹	bàozhú
激动	jīdòng	战胜	zhànshèng
盼望	pànwàng	胜利	shènglì
喜庆	xǐqìng	春运	chūnyùn
灯笼	dēng·long	期间	qījiān
采购	cǎigòu	运输	yùnshū
笑容	xiàoróng	直达	zhídá
几乎	jīhū	顺利	shùnlì
年橘	niánjú		

第十二课

舞	wǔ	跃动	yuèdòng
龙	lóng	蹲	dūn
表演	biǎoyǎn	细	xì
火红	huǒhóng	柱子	zhù·zi
只	zhī	观众	guānzhòng
狮子	shī·zi	望	wàng

千万	qiānwàn	重	zhòng
掉	diào	龙凤呈祥	lóngfèngchéngxiáng
突然	tūrán	手工	shǒugōng
绸	chóu	工艺品	gōngyìpǐn
垂	chuí	剪纸	jiǎnzhǐ
吉祥如意	jíxiáng-rúyì	分别	fēnbié
演出	yǎnchū	回答	huídá
屋	wū	正确	zhèngquè
咚	dōng	作品	zuòpǐn
传人	chuánrén	幸好	xìnghǎo